in HER room

; INSPIRATION

1

BLACK & WHITE CHIC

モノトーンの魔法で
究極のエレガンスを
手にする部屋
———————————— P.016

BREATHING IN / RISE AND SHINE /
BEAUTIFUL TONE / FAVORITE FEELING /
DAY DREAMING / MY HEAVEN /
THE ESSENCE / KEEP IT SIMPLE /
BE POSITIVE / ENJOY THE SILENCE /
SIMPLE IS KEY / LAYERS OF WHITE /
PERFECT LITTLE SPACE / MYSTIC ROOM /
LAZY MORNING /
SUNDAY MORNING VIBES /
CRISP WHITES / COSY ROOM /
LADY MOOD

HOW TO MAKE BLACK & WHITE CHIC
モノトーンの世界、どうやって作る?———— P.045

;STORIES

田中シェン
———————————— P.004

maiko
———————————— P.010

片山久美子
———————————— P.012

GIRLS DIY GOODS ——— P.078
女子でも使えるDIYグッズ

FAVORITE SHOPS ——— P.132
最愛インテリアショップ

in HER room
CONTENTS;

2
NATURAL SPIRITS

ナチュラルトーンで
ピュアを纏う部屋
——————————— P.046

A WARM ROOM / IN THE WOOD /
CACTUS BLOOMS / DREAM SPACE /
COTTON CASTLE / PALE TONE /
THE ULTIMATE WHITE / SLOW DAY /
HONEY HONEY

HOW TO MAKE NATURAL SPIRITS
ナチュラルなスペース、どうやって作る?——— P.065

3
COLOR CODE

色の力で
唯一無二の存在になる部屋
——————————— P.066

PARADISE BOUND / LOVERY SPACE /
CITY MOOD / FRESH BLUES /
POSITIVE LIFE / ELEGANT WAY /
TELLING THE STORY / THE FAIRYTALE

HOW TO MAKE COLOR CODE
色柄空間、どうやって作る?——————— P.077

4
ARTFUL DAYS

アートで感性を
揺さぶる部屋
——————————— P.080

TAKING A BREATHER / GOOD LIFE /
FRESH BEGINNINGS /
SOMEWHERE SUNNY /
THE SCENT OF SEASONS /
SWEET DREAMS / TREASURES /
THE CALM / HELLO, NEW DAY /
BEST SEAT / FASHIONISTA

HOW TO MAKE ARTFUL DAYS
アートな空間、どうやって作る?——————— P.095

5
VINTAGE GLAM

古い物を愛し
丁寧に生きる部屋
——————————— P.096

DREAMING OF SUN / ROUGH DAY /
LAZY MORNING... / FREE & EASY /
KEEP IT REAL / NEO INDUSTRIAL /
WARM WOOD / EVERLASTING DREAM /
CRAFTSMAN SHIP / FANCY WORLD /
FRENCH CHIC

HOW TO MAKE VINTAGE GLAM
ヴィンテージな空間、どうやって作る?——— P.115

6
BOTANICAL MAGIC

植物とともに前向きな
パワーを育む部屋
——————————— P.116

MODERN OASIS / LIFE'S GREEN /
BLOOMING / FLORAL WORLD /
HAPPY WEEKEND / YOUTHFUL DAYS /
SECRET GARDEN / SEASON OF LOVE /
LITTLE NURSERY / REFRESH ME /
HEALING EFFECT

HOW TO MAKE BOTANICAL MAGIC
ボタニカルスペース、どうやって作る?——— P.131

in HER room
;STORIES

あの人が、オンナを磨く、あのお部屋

しなやかで、美しく、色気もある。
可愛いひとには、一つの共通点があった。
それは「女度が上がる部屋」に住んでいること。

癒されながら、刺激もある部屋。
時間を緩めているようで、自身は進化する部屋。
この一冊に収められたのは、
女が磨かれる、手入れされたお部屋たち。

きっとあなたの部屋にも、あなた自身にも、
素敵なインフルエンスがありますように。

2.

1.

1_日常的に使うおしゃれ小物と、何気なく貼られたポストカードがあることで、何もないドアよりも、余白の美しさを感じる。訪れた人がここを出る時、「また来たいな」と余韻が残る気分になるのは、この余白があるせいかもしれない。 2_ドライになっても飾りつづけられる花が、不思議と部屋にあたたかみを出す。 3_少女と大人の間のような魅力のシェンさん。聡明な一面とクシャッと笑う無邪気さが同居し、ドキリとさせられる。

;STORIES

1.

2.

大きな窓からたっぷりと差し込む日差し。
それを空間全体で受けとめる、
開放感のある、気持ちのいい部屋に出会った。
デコラティブな家具はなく、物の量は必要最小限。
美しい余白が印象的だ。
ここに"完璧"という表現は見当たらない。
「ものが少ない方が、いつでも増やせるから」
その言葉通り、彼女はこの余白を楽しんでいる。
間隔を空けてポストカードが貼られた壁や、
シェードを外したスタンドライト。
ふとしたところにまだまだ何かが起こりそうな
"現在進行形"な空気が息づく。
完璧じゃない、だからなんだか気になる部屋。
ここに、彼女自身に宿る"スキ"を、
垣間見た気がした。

3.

1_白くて四角いものが好き。そんな好みは部屋のあちこちに。でもストイックに物を選んでいるかといえば、棚はイケア、中にしまったティッシュ箱はセブンイレブンと、誰もが手に届く範囲のセレクト！ そのシャープ感を自身が描いたアートやドライフラワーが柔らげる。 2_部屋の中で浮くのが嫌で、電子レンジは置かなくなった。そのかわり、食べ物はその日に食べきれる分だけを買うようになり、無駄な買い物がなくなったとか。 3_時間の経過とともに窓辺の小物のシルエットが形を変えていく。

4.

余白がつくるのは

スキのあるひと

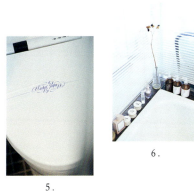

5.

6.

7.

4_マスキングテープでポストカード類を無造作に貼った壁。無機質なコンクリートに色を添える。大きな鏡のフレームは、100円ショップのペンキでセルフペイント。自然にできた色ムラには独特のニュアンスが。 5_引っ越してきた時トイレに付いていた"クリーニング済み"ラベルは、グラフィックが可愛いかったので捨てずにベタッ。これだけでホテルライクな雰囲気に。 6_バスタブ周りには香水やスノードームが。一番物が集まった女子っぽい空間。 7_イケアの収納箱はカッティングシートを貼ってカスタマイズ。

; STORIES

「好きだから、色褪せるまで飾りつづける」
窓辺に生けられた植物には、時間の経過を感じ、
それがまた趣を湛える。そういえば彼女の部屋には、
溶け残りのキャンドルやセルフペイントして
色ムラのできたミラーフレームなど、
時間の移り変わりを感じるものが存在を主張する。
そう、彼女自身にゴールはない。偶然性を追い求め、
常にプロセスを進行形で生きているからこそ、
未完成な姿="スキ"が生まれるんだ。
聞くと、尊敬する人はスティーブン・マイゼル。
「いつも新しいものと向き合い、
生き方にピリオドがない人って素敵」。
なるほど、納得だ。

道具を使って自分を表現するのが好きというシェンさん。「アイビスペイント」というアプリで自由に描いた絵を飾ったり、タイルフロアで重ための床材を隠し明るく見せたりと、一つずつ発想豊かに作り出している。「ソルトレーネ グレーネ」で購入したスツールは、トレイを乗せてサイドテーブルとしても活用。ファッションデザイナーの家を取り上げた記事などを見ては、想像を広げて、自分に合う形を模索しながらとりあえず実践してみるという。

色がつくるのは
愛のあるひと

stylist
maiko [TOKYO]

1.

2.

まるで、サンキャッチャーで虹色の光を部屋中に
浮かべたような錯覚のする、マイコさんの部屋。
無駄な家具は置かず、いたってミニマル。なのに、
無性に感じる彩り。それは、ポイントで取り入れた
パステルネオンカラーのしわざ。その色はケミカルとは
程遠く、ナチュラルトーンで優しく存在する。
太陽と融合し、時にリズミカルに透けたり
反射したりして、ここにいる人を幸福感で包んでいく。
彼女がふと言った言葉を、思い出す。
「10年後、自分が何者になっているかより、
幸せをまわりと共有できる人でいられるか、
ということの方が興味あるな」。
そうか、色で人を包み込む人は、愛に包まれた人なんだ。

3.　　　　4.

1_太陽が好き。日差しを広く取り込む角部屋の構造を生かしてスタイリングはシンプルに。季節で変わる光の強さや角度もインテリアのエレメンツに。愛犬"大将"の席はネオンカラーのクッション。　2_中目黒の「ソネチカ」で購入したヴィンテージテーブル。楚々とした佇まいでありながら存在感抜群。　3_パリで撮った壁の写真や切り抜きをコラージュし、大判紙に印刷したイメージボード。家はくつろげる場所でもあり、研ぎ澄まされる場所でもあるという。　4_ファッショニスタの靴棚は、やはり使いやすい収納。ここに入る数だけで十分、とこんなところにもミニマルポリシーが。

5.　　　　6.

7.

8.

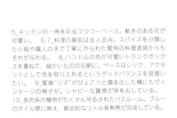

9.　　　　10.

5_キッチンの一角を彩るフラワーベース。動きのある花が可愛い。　6.7_料理の腕前は玄人並み。スパイスを分類した小瓶や職人の手で丁寧に作られた愛用の料理道具からもそれが伝わる。　8_ハンドルの色が可愛いトランクボックスを重ねて、細かいものの収納に。ベースはシック、アクセントとして色を取り入れるというグッドバランスを見習いたい。　9_愛猫"リズ"がひょこっと顔を出した横にもヴィンテージの椅子を。シャビーな質感が味を出している。10_多肉系の植物がたくさん吊るされたバスルーム。ブルーのタイル壁に映え、都会的なリトル垂熱帯が完成している。

;STORIES

1.

2.

3.

古い物がつくるのは
バランスのあるひと

4.

5.

6.

Buyer
片山久美子
[TOKYO]

7.

物を愛する人は、物に愛される人かもしれない。
そんなことに気づかせてくれる、片山久美子さんのお部屋。
東京で一人暮らしを始める時、最初に買った家具は、
アンティークの棚。そこから一つずつ買い足して、
今の家の姿となった。彼女のさじ加減は絶妙だ。
ヴィンテージを100取り入れるのではなく、
コンテンポラリーな要素もミックスしていく。
たとえば家具は、味わい深い古材とアイアンの物を
共存させる。自然体なものと都会的なもの、
ナチュラルな物と毒っ気な物とのバランスも
見習いたいところ。そして、特筆すべきは、
ショールーム的な雰囲気に、ここで暮らしているという
"リアル"が、同居していることなんだ。

1_一つずつ集められた食器。国内外や新旧にとらわれず、偶然見つけた愛すべきお皿たちはどんな料理も美味しさと気分を高めてくれる。自身で作った陶器も日常的に食卓に並ぶ。 2_片山さんがアイデアを出し、ご主人が作ったアイアンのライト。季節によってオーナメントを変えられるのが楽しい。 3_好きな雑誌を収納するヴィンテージのマガジンラックは、ダイニングとリビングの間を心地よく繋げる存在。 4_渋谷の「D9FURNITURESTORE」で購入したヴィンテージテーブルが鎮座。教会のドアがリメイクされたユニークな造り。食卓端のドライグリーンが趣を後押し。 5_ヴィンテージ家具が揃う家の中、そのままでは浮き立って見える場所の白壁には、アンティーク小物がリズミカルに飾られる。 6_アイアン棚に並ぶグラス類や陶器。ニューヨークに住んでいた時の愛用品も持ち続ける。 7_一番くつろげるリビング。アクセントとなるスタンドライトはリサイクルショップで「2万円くらいだった」という破格さ。これぞ足繁くお店に出向く人にだけ訪れる"買い物運"。

;STORIES

1.

2.

3.

4.

5.

6.

7.

"見せる"ことを仕事にする彼女は、
物のセレクトや飾り方は、常識を超えたほうが
オンリーワンな世界になれることを知っている。
家だからといって無難な家具だけじゃない、
使い古された物でさえも息吹を与えることができる。
つまりは、遊びがあるかどうか。
質のいいものを選ぶとか物の良し悪しを知っているとか
「大人であること」は前提で、その選択肢に遊びが欲しい。
そうして選んだ物を暮らしの中で調和させていくことで
これまで誰かのストーリーで生きていた家具を、
自分ヴィンテージとして熟成しているんだ。
創造性のある世界とリアルな毎日の間で、
バランスをとりながら歩む、彼女の生き方がここにある。

8.

1,8_お母様から譲り受けた鏡台のテーブルと椅子。クラシックなミラーを置いて自分スタイルにして愛用。 2_ハットはトルソーに重ねて保管。ファッションを愛する夫婦らしいアイデア。 3_ショーケースに整然と並んだコスチュームジュエリー。 4_彼女らしさを物語る小さな空間。「花は花器に」という概念はなくていいと気づかされる。 5_テレビボード上にはジュエリーやフレグランスが集められたコーナーが。無機質な家電の横にこそフォトジェニックな景色を。 6_三宿の「グローブ」で購入したアンティークカウンターは、レトロなプチホテルのフロントのような雰囲気。ご主人が好きなコーヒーとくみさんが好きな紅茶など、夫婦の日常に寄り添うものが整頓されている。 7_キッチンタイルはご主人によるDIY。目地はなんと100円ショップの紙ねんど。シャビーでラフな空気感を叶えている。オールドパイレックスのティーポットも雰囲気にマッチ。

in HER room
;INSPIRATION

chapter 1
BLACK & WHITE CHIC

モノトーンの魔法で
究極のエレガンスを手にする部屋

白と黒で完成される部屋って、なんとなくストイックなイメージがない？
でもね、モノトーンの部屋の住人たちが教えてくれたのは、
完璧なコントラストが生み出す、究極のエレガンス。
清純さや明るさを表す白と、男性的で重厚な黒。
その正反対の色の割合を絶妙に操って、女らしい空間をつくったり。
家具やファブリックの質感で、やさしいトーンをつくったり。
考え抜かれたシンプルさは、そこに住まう人に品と個性を与えてくれるみたい。

ここで女度 UP!
ダイニングキッチン。相手を想いながら作る料理やテーブルコーディネートをしている時間が楽しい！

owner
S
[HYOGO / 4LDK]
@s.iii_____

BLACK & WHITE CHIC
BREATHING IN

心と体をリセットし、
日々セルフアップデートする家

クリーンホワイトな空間を生かしたモダンな一軒。
お気に入りのギャラリースペースなど、潔く余白をとることで
開放感を実現。家に帰るたびに自身をリセットし、
日々新鮮なムードを取り入れている。シンプルモダンにこだわり、
生活感のある物はみごと見えない場所に格納。

[FRONT PAGE]

ルームフレグランスや香り付きのキャンドルもモノクロの雰囲気に合った物をチョイス。シンプルな空間を香でムードアップするという巧みな演出を見習いたい。

[LEFT PAGE]

リビングルームのギャラリースペースには季節の花や本、絵、写真などを気分に合わせて飾る。

[RIGHT PAGE]

1_ピクチャーウィンドウとテーブルの高さを合わせたダイニングは、レストランで食事をしているような雰囲気。 2_冷蔵庫の中までモノトーンに！統一された白の容器はラベリングすることで逆に見分けがつきやすいとか。 3_柔らかい質感の白花でクールな部屋に温かみをプラス。 4_キッチン周りもとことん収納。 5_光のコントラストが美しく映えるのはモノトーンの部屋ならでは。

1
2

3
4

BLACK & WHITE CHIC
RISE AND SHINE

ここで女度 UP!
ベッドサイド。ハーブティーを飲んだり、アロマで足湯をしたり、一番リラックスして自分のケアを出来る場所。

owner
中世古 麻衣
[TOKYO / 1LDK]
@mainakoseko

ピュアなものに囲まれた
マイ・スウィートルーム

内装や家具は白、黒、ゴールドを基調にし、
余計な物を払拭したシンプルモダンで統一。
そこに素材や香りがピュアな花やキャンドル、
コスメなど愛すべき日用品が加わり、
フェミニンで温かみのある空間が完成。
女子なら誰もが憧れるこの部屋には、都会感と
ナチュラルさを育むためのお手本がいっぱい。

[LEFT PAGE]

1_硬い質感を和らげるファーのラグが活躍。 2_モノトーンのワードローブならラックにかけてあえて見せても雰囲気にマッチ。 3_Diptiqueのキャンドルはモノトーンインテリアに欠かせない。 4_ホームウェアはリラックスできて女度の上がるものをチョイス。

[RIGHT PAGE]

5_いつも必ず飾る生花。気分と季節に合わせてセレクト。 6_旬のモノトーンインテリアに大理石はマスト要素。 7_ピローケースのひとつは淡いピンク。ベッド空間は絶妙なトーンの合わせで可憐さをプラス。 8_カッティングボードなどナチュラルな小物が映える。

[LEFT PAGE]

ZARA HOMEやTHE CONRAN SHOP、ikeaなどで購入したシンプルな家具に、異なる白の質感を重ねて奥行きのある空間をメイク。

[RIGHT PAGE]

1.2.3.7_ピュアなものへの探究心はインテリアだけにとどまらず、Sunfoodや137degreesなどヘルシーフードも大好き。オーガニックフードなどはパッケージも可愛いのでインテリアの邪魔をしないのが嬉しい。 4.6_フラワーベースは茎も美しく見えるクリアでシンプルなデザインが好き。 5_大きめのホーロー製たらいにお湯を張って、エッセンシャルオイルを垂らして足湯をする時間は最高。 8_洗剤はピュアでモノクロパッケージも可愛い『The Laundry Detergent』を愛用。 9.10.11_スクラブやスキンケアなどセルフケアに時間をかけて、自分をリトリート。大理石タイルは置くだけでどんなものもフォトジェニックに。 12_キャンドルの揺らめきでロマンチックに演出。

BLACK & WHITE CHIC
BEAUTIFUL TONE

ここで女度 UP!

私の机。好きなディスプレイ、インテリアを眺めてるだけで女度が上がる気がします。ここでコーヒーを飲む時間が好き。

owner
Y.H
[OSAKA / 1LDK]
@mkyk_w_

飾りすぎない、並べすぎない
引き算から生まれる洗練の白空間

白を基調とした部屋を、個性的にアクセントをつけるのはお気に入りのインテリアグッズたち。
黒、グレー、ウッドの色味の小物に統一し、タイポグラフィやアートで自分らしくリズムをプラス。
マンネリ化しないよう、ポスターの場所を変えることも。
そんなふうに気軽に模様替えが成功するコツは、常に余白を残すことにありそう。

[LEFT PAGE]

1_モノトーンのポスターが部屋のアクセントに。都会的でシックな空間に遊びのあるアートを。　2,3_小物は並べる場所をかためてコーナーブロッキング。シンプルな配色で見た目もスッキリ。コーヒースペースの窓は木枠を作って裏にすりガラスをつけた。　4_union、CEREAL、feteなどの本や雑誌からインスピレーションを受けるそう。部屋に置くだけでさまになるお洒落なカバーの本が好き♡

[RIGHT PAGE]

5_都会的な空間に馴染む、濃いめグリーンの木。　6_部屋の印象を決めるポスターは、海外から個人輸入したhoneymoon hotelart。シンプルでスタイリッシュなキャンドルホルダーを合わせて。　7,9_IKEAやDULTONのシンプルファニチャーが活躍。服も見せ方次第でインテリアとして活躍。　8_小物系はSEN TO SCENCEがお気に入り。丸いレザーフレームのミラーは、自分でベルトを巻きつけてDIYしたもの。　10_モノトーンの世界にはドライグリーンもマッチ。

BLACK & WHITE CHIC
FAVORITE FEELING

ここで女度 UP!
パウダールーム。生活感を一切なくした非日常なこの場所でメイクをしている時が一番気分が上がります!

owner
鈴木 幸
[KANAGAWA / 2LDK + LOFT]
@spica.f

都会的にもオリエンタルにも モノクロの世界をよくばりに楽しむ

海外のインテリアが好きで、Instagramから得たヒントを実践。モノトーンベースでありながら、部屋ごとにシンプルモダン、インダストリアル、モロッコ、西海岸、姫系など、コンセプトを決めているので飽きがこないとか。趣の異なる部屋だけどなぜかまとまりを感じるワケは、その色使い。一つの部屋の中で3色くらいまでを心がけているという。どこかホテルライクな、落ち着いた大人の家。

[LEFT PAGE]

アルモニアやイームズ、カルテルといったモダンファニチャーが鎮座するダイニングルーム。Francfrancで購入したフラミンゴとハートのネオンライトがポップさをプラス。

[RIGHT PAGE]

1_静けさの漂うNYのホテルのようなパウダールーム。日用品もすべて見えないよう収納し、非日常感を完成させた。　2_ポップアートとともにメゾンブランドの小さなショッパーもインテリアとして活躍。　3_物は必要最小限、そのほかは何も置かない真っ白のリビング。クールなだけの印象にならないのは、黒ではなく優しいグレーファブリックのソファのおかげ。　4_モロッコ調に演出したトイレ。アイアンのミラーとランプだけでも雰囲気十分。

BLACK & WHITE CHIC

DAY DREAMING

ここで女度 UP!
香水ボディクリーム、バッグや靴などお気に入りを置いている棚。その前に立つと1日が始まるスイッチが入ります♡

Owner
佐藤 春香
[SAITAMA / 1K]
@haruka_isg

しなやかでファッショナブルな
女性らしさを磨く部屋

リラックスできて、それでいて女らしさが自然と身につくような、ブティックのようにわくわくするディスプレイ。
生活感をおさえるモノトーンの魔法で、シンプルでありながらいるだけで女度が上昇するような、エレガントな雰囲気が完成。
海外ドラマのインテリアも参考に、日々アップデート中♡

[LEFT PAGE]

1_メゾン系ブランドのカタログに入っていたポスターをフレームにイン。リラックスしながらも刺激のあるムードに。　2.4_白の空間をさらにエレガントに彩るのはクリアなガラスの器たち。　3_白のレイヤードでベッド周りに清潔感を。

[RIGHT PAGE]

5_大切なジュエリーや時計はボックスに。ここで身支度する時間が好き。　6_ソファの隙間に立てかけられたモノトーンカバーのファッションブック。ちょっとした所にセンスが息づく。　7_整然と並んだ黒フレームが都会的な雰囲気づくりを後押し。　8.10_バッグやコスメが収納されたブティックのような棚は毎朝意識を高めてくれる。　9_食器類はFrancfranやSPA RAの少しラグジュアリーデザインなものをチョイス。

BLACK & WHITE CHIC

ここで女度 UP!
こだわって作ったベッドルーム。リラックスしたいから温かみのあるウッドをクールなモノトーンに調和させました。

ここで女度 UP!
海外に住んでいるようなお部屋をイメージしたリビング。インテリアやラグなどは高級感のある物を選んで揃えています!

owner
藤元 由美
[TOKYO / 2LDK]
@yumi0328

MY HEAVEN

白、グレー、ウッドのおしゃれ掛け算

6畳と限られたスペースのベッドルームでも、コーディネートはこだわり、海外ドラマに出てくるハイバックのフレームをチョイス。枕をいっぱい置いたりサラッとした素材のリネンを選びホテルのような仕様に。リビングは少しでも空間が広く見えるように、ソファは白。ZARA HOMEのカラークッションで遊びのあるトーンに。

owner
Y.O
[SAITAMA / 1LDK]
@miss._yu_

THE ESSENCE

モノトーンとパステルピンクの関係

白黒の世界だけだとシックでシンプルな印象。ところが、淡いパステルピンクをトッピングすることで、女の子だけの特権スペースになるから不思議。さらにシルバーの硬い質感をプラスすることで、今っぽい雰囲気に。鏡周りや小物スペースなどちょっとしたコーナーから始めてみたい即興ワザ♡

ここで女度 UP!
ずばりベッド。ベッドサイドから流れてくる大好きな香りと肌触りの良いリネンに包まれて気分が高まります♡

owner
Y.U
[TOKYO / 1K]
@nxo1z

ここで女度 UP!
ソファやドレッサー前。お気に入りの洋服、コスメやフレグランス、ヘップバーンの写真たち…、私の"好き"が全て見渡せるから。

owner
Eriko.k
[SENDAI / 1LDK + 半地下]
@hime333333

KEEP IT SIMPLE

足元重視で作るニュアンスルーム

インテリア、小物は白、シルバー、ゴールド、ブラウンで統一したクリーンな部屋。無地にこだわり、微妙な色のミルフィーユだけでニュアンスを完成。部屋スペースを広く見せるため極力物を減らし、圧迫感を与える物や大きな家具は最小限に。床を大理石模様のタイルで敷き詰めたというDIYで、おしゃれ度が倍増。

BE POSITIVE

何気ない瞬間にときめく空間を

ふとした瞬間に「可愛い!」とときめいて、ポジティブになれるお部屋にしたいと、好きなものしか見えない空間作りを実践。色味、香り、空気感、心地が最優先。オードリーヘップバーンやグレースケリー、カトリーヌドヌーブ、ココシャネルなど、大好きな女性たちの写真集は、お気に入りの一枚をフォトフレームに。

BLACK & WHITE CHIC

ENJOY
THE SILENCE

ここで女度UP！

ベッドサイド。夜はテーブルライトだけを灯けて、ネイルやボディケア。ムーディなひと時に浸れる場所。

owner
安田千恵子
[OSAKA / IK]
@cie_room

抑えた色使いが、心地よい静寂さを醸しだす
フレンチシックな癒し空間

清々しいホワイト中に、ベージュやくすみブルーなどのペールカラーをさりげなく効かせた
空間は、まさに大人のフレンチモダン。透明感のある都会的なスタイリッシュさの中に、
手作りの小物が温かみを感じさせてくれる。生活感を排除し、厳選したモノで配置された
整然さが気持ち良い。静かに自分と向き合える、大人女子のくつろぎ時間を過ごせそう。

[LEFT PAGE]

窓際にかかるプラントハンガーは、YouTubeを見ながら編んだ手作りのもの。チェスト上のギャラリーには、ゴッホやモランディの絵が。

[RIGHT PAGE]

雑誌で見たクッションに似せて作った毛糸編みのカバーはスヌードを使ってリメイク。柔らかな間接照明が気分をリラックスさせてくれる。

BLACK & WHITE CHIC

SIMPLE IS KEY

旬の小物使いがスパイス。飽きさせない、シンプルモダンな生活

モノトーンをベースにした空間に、四季折々の花が温かみをプラス。クールでスタイリッシュになりすぎない、ナチュラルな雰囲気に仕上がっている。家具は思い切ったものを、雑貨はプチプラでも旬のものを。流行や季節を意識したインテリアだからこそ、ベーシックでありながら、女性としての気分も一気に上げてくれる部屋に。

ここで女度UP！

リビング。お花や小物などで季節感を楽しめる部屋。アロマやBGMも加え、五感で心地良さを感じられる。

owner
C.T
[TOKYO / 3LDK + WIC]
@chiii__stagram

1_淡い彩りの花々が、やさしい雰囲気を演出。　2_ダイニングの壁面にはハンギングセットで壁打ちにしたエルメスのスカーフが飾られている。　3_大きな姿見の前に飾った枝物も、まるでオブジェのよう。　4_ホワイトで統一したスプレーボトルは、見せる収納に。　5_廊下のニッチに飾るホワイトのミラーは、アンティーク風の木彫りフレーム。　6_リビング収納のクリアな引き出しに、マーブル石調のドイツ製カッティングシートを貼り、中を見せずにモノトーン化。

ここで女度 UP!

クローゼット！ファッションが大好きで、お気に入りの服やバッグを選んでいる時間に幸せを感じる。

owner
A.O
[KUMAMOTO / 3DK]
@mizoau

BLACK & WHITE CHIC

LAYERS OF WHITE

白と黒が織りなす北欧モダンスタイル

白を基調としたインテリアに、たっぷりと降り注ぐ明るい日の光。まるでホワイトカラーをレイヤードしたような空間で、愛猫とともに穏やかな時間に身を委ねる。リビングテーブルや収納、デスクも白で統一。草木の生命感が爽やかなアクセントになっている。穏やかなペールカラーのファブリックや雑貨も相性よく馴染み、より一層女性らしさを感じさせてくれる。

1_和室だったリビング。畳の上にホワイト木目調のクッションフロアを敷き、砂壁にはレンガ調のクッション壁紙を貼り、グレーの漆喰を塗っているのだとか！この、とことんこだわる姿勢こそが生活を変えるのかもしれない。　2_スタイリッシュなソファと直線的にレイアウトしたアート。北欧モダンのテイストたっぷり。　3_枝ものはデミジョンボトルに。　4_スッキリとまとまったモノトーンのデスク周り。　5_お気に入りの服や靴をディスプレイしながら収納。

BLACK & WHITE CHIC
PERFECT LITTLE SPACE

ここで女度 UP!

なりたい自分をイメージできるデスク。インテリアやファッション誌のお気に入りのページをスクラップしたりします

owner
臼井ちろる
[TOKYO / 3LDK]
@ciru_life

「好きなものだけに囲まれる」フォトジェニックなマイルーム

シンプルにこだわり抜いたものだけをレイアウト。自分らしさを思う存分に表現した、自立した女性を感じさせるインテリアの完成。「見せる」アイテムたちがバランス良くディスプレイされる有孔ボードは、アートパネルのような主役感たっぷり。真っ直ぐに対面する北欧風チェアーも、凛とした存在感を見せている。漆喰塗りとペインティングで、和室から洋間へと変身させた世界。シンプルに、好きなものだけに囲まれたい! その思いが溢れる空間になっている。

アイアン×ウッド素材のミックスが、エッジの立った変化と奥行きを醸し出している。

BLACK & WHITE CHIC

MYSTIC ROOM

ここで女度 UP!
無骨なインテリアの中に置いたグリーンのコーナー。柔らかさがプラスされ、アロマを焚けばより癒やし空間に。

owner
沼田歩美
[CHIBA / 1LDK]
@11_miyua_18

無機質な質感と漂う女らしさのバランス

足し過ぎず、引き過ぎず。目指したのは、インダストリアルでシンプルな空間。打ち放しのコンクリート壁に合う、無骨なアイアン・ウッド素材のインテリアをセレクト。唯一、有機的に曲線を描く植物と、直線的なインテリアの対比が美しい。あえて冷たさと無機質さを表現した空間は、まるでミステリアスな女性の一面を表しているよう。

テレビ台は2×4板と脚立で作ったプチDIY。板にワトコオイルを塗り古い木材の風合いを出し、脚立もペイントでアイアン風に。

BLACK & WHITE CHIC

LAZY MORNING

ここで女度 UP!
ベッドサイド。大好きなルームウエアをしまわずにあえてラックにかけて見せたり、メイクアップもする場所。

owner
南 奈緒
[OSAKA / 2LDK]
@channel.70

私らしい美意識が、
毎日の生活をスウィートモードに彩る

フレンチなテイストで溢れた空間は、女性なら真似したくなるような工夫がいっぱい。ペールカラーのドライフラワーや、一輪挿し、ルームウェアなど、ロマンティックなスパイスが効いたアイテムがあちらこちらに。そこに、コンクリート壁やむき出しのダクト、それと少しのストリート感が甘さを引き締め、まるで海外雑誌を切り抜いたような世界感。ビタースウィートな雰囲気に包まれ、時間がゆったりと流れる。

[LEFT PAGE]

1_常に飾るようにしているというドライフラワーは、自身が作るmaintainのもの。 2_モード感の出るコーディネートはお部屋の片隅にも意識を。 3_お気に入りのウェアや愛用している小物は、ちょっぴりルーズにレイアウト。見せる収納でインテリアの一部に。 4_無機的な壁に淡い色彩の雑貨をプラスすることで、洗練されたデザイン性を感じる部屋に。

[RIGHT PAGE]

5_キッチン周りには、厳選した食器類をディスプレイ。ピンクのチューリップが生命感と優しい彩を添える。 6_高低差を作ったり、シンプルなレイアウトにしたり、愛猫のapcが遊べる部屋作りにしている。 7_ラックにかけるお気に入りのウェアや小物が、見るだけで女度を高めてくれそう。 8_窓越しに入る光が、室内にグラフィカルな斜線を加える。

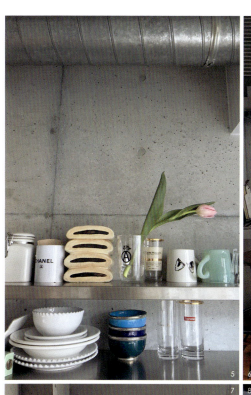

BLACK & WHITE CHIC
SUNDAY MORNING VIBES

ここで女度 UP!
ドレッサー。毎日自分をメイクする場所だから、自分のテンションをあげてくれる雰囲気作りをしている。

owner
chiikoko
[SAITAMA / 1K]
@chiikoko37

限られた空間に、表情とリズムをもたらせて

生活感のあるアイテムを、憧れの世界観にDIY。まるでパリのアパルトマンにいるようなイメージを創り上げている。レイアウトにもこだわり、空間を遊ぶように家具を配置。部屋の中央に目に入るペンダントライトは、くすみカラーの塗装でリメイク。女性らしい趣が生まれ、空間のアクセントになっている。日差しがたっぷり入るリビング。休日の朝、日々の喧騒を忘れたスロータイムを過ごせそう。

1_窓に格子状にマスキングテープ貼り、リビングに動きが生まれた。モノトーンベースのインテリアとも良く馴染んでいる。 2_キッチンの壁は、マスキングテープでグラフチェック柄にリメイク。収納は、リメイクシートの上からグリーンとグレーのペンキを混ぜて着彩した。 3_気分が上がる、お気に入りのアート写真。 4_関節照明がムーディな光を描く。 5_キッチンとリビングの間に配置したカラーボックスは、背版を外し、脚をつけて、好みの色に塗ったもの。

BLACK & WHITE CHIC

CRISP WHITES

ここで女度 UP!
ベッドサイド。キャンドルを灯し、良い香りに癒されながらゆったりと過ごす時間は、心も磨かれる気がする。

owner
Yuki.G
[HOKKAIDO / 1DK]
@yukixnyc

可憐でさわやか。心までも精錬される、白の世界

深く透き通るような空間。そこに、ゴールド・シルバーの小物や花のディスプレイが、静かに華やぎをもたらしている。シンプルモダンな中に、女性らしさがそっと加わる。限られた空間を生かし、見せる小物は最小限に。ライフスタイルもできるだけシンプルを心掛けているそう。曇りのないクリーンな空気感は、心持ちを象徴しているようだ。

1_女度を一気に上げてくれるバラの花。淡いピンクと鮮やかな赤が、真っ白な部屋によく映える。 2_お気に入りのパッケージも気分に合わせてディスプレイ。 3_無造作に置いたブラックレザーの財布もアクセントになっている。 4_白の背景とペールカラーの花の組み合わせで、凛とした雰囲気に。レザーの小物との対比も素敵。

BLACK & WHITE CHIC
COSY ROOM

高さ・間・素材のバランスを意識した
ヴィンテージ感に包まれる暮らし

ウッドと黒アイアンをベースに、素材感を統一。高さと余白を意識したレイアウトで、存在感のあるアイテムが並びつつも不思議と開放感のある印象に。アンティーク風のアイテムやドライフラワーなどが飾られた風景は、どことなくノスタルジック。インダストリアルかつノルディックなスタイルが、気分を高めてくれそう。

ここで女度UP!
ベッドルーム。マットレスは良質な睡眠を目指し購入した長く使える物。ガウンや香水、アクセサリーもこの部屋に。

owner
宮井 梓
[TOKYO / 1LDK]
@she_is_azusa

[LEFT PAGE]

テーマを決めて、統一感を出したLDスペース。オルテガ柄のラグマットが有機的なヴィンテージ感をプラス。窓から射し込む光と黒のコントラストが、空間をより引き立てる。

[RIGHT PAGE]

1_シックなベッドスペース。 2_収納に大理石シート、壁面にタイルを貼った渾身の作。 3_無造作に置いた小物でヌケ感を。 4_気分で入れ替えるコーナー。 5_リビングはブルーの色壁でコントラスト出し。 6_レトロでガーリーなフォトフレームが並ぶ。 7_海外インテリアを参考に、グレーの壁紙と白レンガ調の腰壁でDIY。 8_存在感のあるソファ。ゾーニングの役割も。

BLACK & WHITE CHIC
LADY MOOD

ドレッサー。女度が上がるといいなぁと思いながら、お気に入りのドレッサーでメイクしている。

owner
飯田ゆかり
[SAITAMA / IR]
@yuka_story

艶やかにモチベーションアップする、癒しのマイルーム。

永遠の憧れを部屋いっぱいに詰め込んだような、甘いムードに溢れる空間は、まさにネオ・ロマンティックスタイル。
色彩は、モノトーンとベールピンクをベースに。シックでラグジュアリーな世界観は、女度を高めてくれる事間違いなし。
女心をくすぐるキュートな空間に、スタイリッシュなフォトグラフアートが、エッジーさをプラスしている。
甘さの中に、芯のある女性を象徴するような、スウィートで都会的なコーディネートだ。

1_ディスプレイする照明もロマンティック。 2_アロマに癒される空間。 3_モノクロのフォトグラフアートが引き締め効果に。 4_お気に入りの小物を整然と見せ収納。 5_光とハッピーオーラに包まれる部屋。 6_フリル使いのファブリックも乙女感たっぷり。 7_癒しアイテムとして、花はなるべく飾るのだそう。 8_ベッド周りは白で統一。カバーはラグジュアリーな素材で。 9_大理石のシートでDIYしたレッサー。ちょっぴりNYスタイルに。

HOW TO MAKE BLACK & WHITE CHIC
モノトーンの世界、どうやって作る?

1 —— まず手に入れるのは大理石スタイルのテーブルでキマリ

置くだけですぐ今っぽくなれるモノトーンファニチャーの代表選手は、今人気の大理石柄のテーブル。手軽にエレガントなコーナーが作れて、四季折々の花を飾ったり、キャンドルやジュエリートレイを置いたりと、簡単に表情も変えられて、お部屋がいつも新鮮に!

1_

2 —— お部屋のアイコニック的存在の椅子こそモノトーンを選んで

お部屋の雰囲気を司るのは、大きな棚やテーブルかと思いきや、意外や"椅子"なのです。これを白か黒にするだけで、モノトーンの部屋に簡単アプローチ。たとえば白壁の住宅には、黒の椅子を選んでみて。椅子のデザイン次第で、テイストはモダンにも、クラシックにも自由自在。

2_

3 —— モノトーン女子の王道テクニック黒のフォトフレームでメリハリを

飾り棚や壁をモノトーン仕様にするなら、黒のフレームが活躍。スクエアタイプならより都会的でシャープな印象に。サイズに大小つけて飾ると、シンプルな中にもリズムがついておしゃれ度UP。中に入れる写真やアートもモノクロにすれば、より洗練された印象に。キャンドルや香水ボトルが似合う空間に。

3_

4 —— 超簡単で効き目アリ!手書きレタリングでアーティスティックに

「黒フレームはちょっと印象が重いかな」とか、「ナチュラルテイストの空間に少しモダンさを加えたい」という時に使えるのがこのワザ。ホワイトボードに黒マジックで、手書きの英字レタリングを書いてみよう。シンプルでありながらさりげない主張のある即興アートが完成。

4_

5 —— プチプラで叶えられる便利ワザ黒アイアンがモノトーンに欠かせない

100円ショップや日用品店にある、黒のアイアンシェルフが大活躍。硬い質感と華奢な細さで、男性的なインダストリアル部屋とも違う、繊細でシックな雰囲気が完成。例えば洗剤系の収納棚にするなら、ボトルは白で統一し黒のマスキングテープでラベリングすると、より洗練されたコーナーに仕上がるはず。

5_

6 —— 「キッズの部屋をモノトーンにしたい」さあ、どうする?

キッズのいる家は、子供のおもちゃに合わせたインテリアにすると、色がバラバラと散らかる結末に。だけど、子供部屋だって同じ家の中。モノトーンの世界観は取り入れたい! そんなママにおすすめなのは白黒プリントのソフトマット。明るい雰囲気はそのままに、モダンな要素も十分。ウッドの家具を取り入れれば、子供にも優しい空間に。

6_

in HER room
;INSPIRATION

chapter 2
NATURAL SPIRITS

ナチュラルトーンでピュアを纏う部屋

艶っぽいナチュラルメイクをほどこすように、肌ざわりのいいTシャツにデニムをはくように。
ヌーディで透明感のある部屋で過ごす女性たちがいる。やさしい色合いや
天然素材の温もりに包まれる彼女たちはワインを片手に映画を見たり、友達を誘って団らんしたり、
なんだかとっても楽しそう。ストレスフリーな生き方を生み出す、スイートホームをのぞこう。

ここで女度UP!

ドレッサー。メイクもパソコン作業も！いろんな意味で自分を磨く女度アップの場所。

owner
藤原 亜希子
[SECRET / 1LDK]
@kilimdesigns

NATURAL SPIRITS
A WARM ROOM

キリムが生み出す自分好みの温もりのある空間

ピンク×グリーン×パープルの組み合わせが好きで、
自分好みの華やかな空間が完成。キリムのクッションカバーや
ヴィンテージラグを選び、柄物同士でも統一感を出して落ち着く雰囲気に。

[FRONT PAGE]

敷くだけで一気にオシャレにしてくれるキリムが好き。インパクトのある柄なのに、ずっと飽きないのも不思議な魅力。

[LEFT PAGE]

1_リビングルームは赤を取り入れ、エネルギーを感じる雰囲気に。　2_最低限の調味料しか置かず、スッキリとしたキッチン。
3_和とトルコテイストが混ざったキッチン用品。　4_お気に入りのアンティーク風ドレッサー。温かみのあるクラフトを飾って楽しい空間に。

[RIGHT PAGE]

5_キリムのスツールの下に赤いヴィンテージラグを敷いた玄関スペース。　6_ベッドルームは色のトーンを合わせながら、花柄とチェック柄を掛け算。

NATURAL SPIRITS
IN THE WOOD

木々に囲まれた
ほっとする空間で過ごす幸せ

テーマは「家族が落ち着ける居心地の良い部屋」。
自然のものを目で見て触れて、ホッとできる空間に。
モノを選ぶときのカラーは3色までと決めている。
部屋のインテリアを考えるときは、
お気に入りの物をどう見せたいかを考えるんだとか。

ここで女度UP!
リビング。思い出が1番詰まったスキなものしかない空間。

owner
CHISATO
[CHIBA / 2LDK]
@chiki0818

[LEFT PAGE]
洋室とリビングの間の壁を壊してセルフリノベーションで広いリビングを実現。ランプと流木を天井から吊り、家にいながらアウトドアを感じる空間に。

[RIGHT PAGE]
1 温かみのあるウッドの色味にグリーンの装飾がマッチ。 2 デスク周りもやさしい素材を取り入れた落ち着く場所。 3 シェルフ上は星のライトでオシャレで温かみのある空間に。 4 シンプルなソフトトーンのベッドルーム。

ここで女度UP!

ナチュラル素材とやさしいウォールアートで完成させたベッドルーム。自分に戻ったり充電できる空間♡

owner
兵頭 志穂
[EHIME / 6LDK]
@fhol105

NATURAL SPIRITS
CACTUS BLOOMS

サボテンのアートが彩る
癒しに包まれた落ち着きの空間

インダストリアルな素材でDIYした唯一無二の空間。
ハードな印象にならず、ソフトな雰囲気を叶えるのは
やさしい白の色使いで全体的に統一感を出しているから。
サボテンを描いたウォールアートやウッドのランプなど
ナチュラル要素に包まれた、まさにリトリートハウス。

[LEFT PAGE]

1_1日の終わりに心地よい音楽を聴きながらリセットするベッドルーム。 2_壁の植物アートがナチュラルさを後押し。 3_キッチンカウンターもウッド調にDIY。 4_愛娘の部屋はほとんど手作り。クラフトボックスをリメイクしたり、デスクはパレットとソーホースブラケットでDIY。ポンポンをつないだラグも！

[RIGHT PAGE]

5_ちょっとしたコーナーをグリーンが彩る。 6_パレットを組み合わせたローテーブルもDIYの作。 7_都会感も感じるのはボーダー柄のクッションのおかげ。 4_癒しの空間で淹れるコーヒーの味は格別。

NATURAL SPIRITS
DREAM SPACE

ここで女度UP!
ダイニング。お気に入りの食器や季節の花や草木を飾り、テーブルコーディネートを楽しんでます。

owner
Yuki.O
[MIE / 3LDK＋S＋屋上]
@ouchi_no_kiroku

昼も夜ものんびり過ごせる
シャビー&モダンなホワイト空間

シャビーシックでありながら都会的なインテリアで、
自然と人が集う空間を演出し、笑いがたえないポイントを
ちりばめた温かいインテリア。天気のいい日は、
セカンドリビングとして活用しているバルコニーで、
IKEAの屋外用のソファに腰かけてブランチを楽しむことも。

[LEFT PAGE]

1_シャビーシックでまとめたリビングダイニングから臨むのは下層フロアとバルコニー。家族の存在をいつも感じられる空間に。　2_リビングの窓を開放してバルコニーと一続きにし、プロジェクターから流れる映画を楽しむ。

[RIGHT PAGE]

1_ホワイトトーンで統一された中、リズムをつけるのは柄物の家具。　2.3_モザイクタイルを使用し、シンプルながらカフェのような空間に。食卓はお皿などもトータルコーディネート。　4_グレイッシュなソファ周りはシンプルにまとめ、バラつきのないインテリアに。　5_メゾンドブランデコール、サラグレース、ミスタと3ブランドをMIXしたダイニングチェア。控え目の採色で雰囲気をキープ。　6_読書スペースはダウンライトで大人空間に。

ここで女度 UP！
ソファ代わりにしているマットレス。間接照明のみの部屋でキャンドルを焚いて女子に戻れるひととき。

owner
廣瀬 明日香
[OITA / 3LDK]
@____aco

NATURAL SPIRITS

COTTON
CASTLE

真綿のような優しい色合いで
心からくつろげるスペースに

無機質なものと温かみのある有機質なものをミックスさせた空間。色の散らかりがないように、優しい色味やニュアンスカラーをセレクト。シンプルだけど表情のある空間が好きというオーナーのこだわり抜いたやさしいお家。

[LEFT PAGE]
1_お気に入りのアンティークチェアのほか、2つ異なるデザインをミックスして配置。 2_ベランダのウッドデッキをDIYで実現。 3_お気に入りのタイルのテーブルで、キャンドルを焚いて至福のとき。

[RIGHT PAGE]
4_リビング家具のメインはクッションいっぱいのマットレス。低い視線でくつろぎの時間を。 5_陶磁器もインテリアを飾る要素に。 6_ウッドの壁掛けフックはDIYで作ったもの。色がベーシックなので飾り方でリズムをつけている。 7_日常的に使いやすく絵にもなるキッチンの飾り棚。 8_デイリーに使うものはカラートーンを揃えると品のある景色に。 9_キッズの空間はティピとベニワレンのラグでボーホーシックに。

> ここで女度 UP!
> リビングダイニング。花や小物でテーブルコーディネートし、家族や友人と食卓を囲む時間が好き。

owner
遠藤ポリッツ泉
[KANAGAWA / 2DK]
@izzi.politz

NATURAL SPIRITS
PALE TONE

ミニマルに暮らす、ニュアンスカラーの家

ホワイト×ピンクのファンシーなイメージカラーを抑えるのは、シャビーなグレー。特に配色の配置にこだわり、『大人かわいい』インテリアを目指した。生活感を感じさせないコツは、イメージを崩す雑貨や生活日用品を、インテリアのテイストにあった容器に移しかえるなどの細やかな収納術だとか。ゲストもいつまでも居長したくなる心地よさで溢れる。

1_トーンを抑えたスモーキーピンク、グレーを基調にアイスブルーを指し色に使った落ち着いた大人可愛いインテリア。　2.3_賃貸の既存の洗面台のチープさを払拭するため鏡と照明はIKEA、水栓ハンドルはカクダイに取り換え雰囲気をガラッとチェンジ。　4_部屋のところどころに飾る花も、インテリアに合わせたカラーリングでエレガントに。　5_お気に入りの旅行写真やポストカードを壁にランダムに貼って遊び心を演出している。

6.8_ファブリックや小物は部屋全体のカラーと馴染むグレー、ローズピンク、ゴールドをチョイス。 7_突然の来客にも対応できるよう、カラーを統一したインテリア映えする収納ボックスやかご収納を設置してパパッと片付けられる配置に。 9.10_部屋の雰囲気を格段に華やかにするお花やグリーンは、常にお部屋にある状態をキープし女子力アップ!

南仏をイメージしたベッドルーム。コスメ類をクローゼットに集約したりして自分だけの空間を作っています

NATURAL SPIRITS
THE ULTIMATE WHITE

スローライフを体現した、1つ1つが手作りの家

owner
項本ユキエ
[KANAGAWA / 3LDK]
@grace20120616

どこかレトロな趣の白い家具はそれだけだと寒々しい印象になるので、温もりのある木製家具や小物を合わせてグッドバランスに。理想の空間を叶えるために、等身大のインテリアを体現したいと取り掛かったのがDIY。暖炉のレンガをホワイトに塗り替え、家具の木材にはオイルステインを染みこませてからペンキを塗り、乾く前に布でエイジング加工を施したというこだわり。

1_プライベートなPCスペースはシンプルに統一しつつ、フレンチカントリーなチェストでポイント付け。 2.3.5_白ベースのベッドルームは家の中で一番お気に入りの空間。シャビーなサイドテーブルに、ナチュラルウッドのフローリングでとことん居心地良い場所に！ 4_海外の映画にインスパイアされたドレッシーな空間づくりは洗面所に至るまで怠らない。 6_テーブルリネンなど、シンプルながら温もりの溢れるインテリアアイテムには全て愛着がある。

7_お気に入りのダイニングテーブルはオークションで落札したもの。リビング中央のチェストもリサイクルショップで見つけたもので、賢くリビングをカスタマイズ。 8_ダイニングに飾られたメッセージボードはベニヤ板でDIY。英文字のウォールステッカーは簡単に剥がせるのでその時々のインテリアに合わせてアレンジ可能。 9_スローライフを楽しむ空間の明かりは、照明よりろうそくのほのかな明かりがマッチする。 10_部屋のテイストに合わない濃い茶色だった暖炉は、ホワイトにペイントして南仏インテリアのようなスペースに。

NATURAL SPIRITS
SLOW DAY

owner
CHAMPI
[TOTIGI / 3LDK]
@champi39

ここで女度UP!
バスルームやキッチン、洗面所などの水回り。ここを清潔にしておくと、彼氏や友人にも好印象かなと思います!

完璧すぎない、
自然体のままで過ごせる家

植物の呼吸が聞こえてきそうなナチュラルグリーンの配色がちりばめられたインテリア。こだわりの自然素材の家具と、大好きなテキスタイルのクッションやラグ、沖縄で拾った貝殻でDIYした貝殻アートなどを融合させて、自分らしい空間に。南国テイストの中に自然のみずみずしさが融合した爽やかな一軒。

[LEFT PAGE]

1_一見異素材の雰囲気のゲストルームに置かれた、wtw surf clubの木彫りパイナップルのオブジェも、BOHOの落ち着いた色使いと素材の組み合わせで見事に融合。2_シンプルシックなグリーンに囲まれたちょっとしたスペースもボタニカルに演出。3_小物をリズミカルに配置して部屋に奥行きを実現。4_貝殻モチーフのアートがエレガントなデスク周り。

[RIGHT PAGE]

5_大好きなコルク素材をふんだんにちりばめたダイニングキッチン。ラタンの照明がオリエンタルな雰囲気を演出。6_南国リゾートを思わせるベッドルームのサイドテーブルにさりげなく置かれたアンティークな燭台風のスタンドライトが、クラシカルテイストにインテリアを仕上げている。

> ここで女度 UP!
> 赤い椅子の上でくつろぐ時。ここがお部屋の主役。色のせいか、無条件で気分が上がります。

owner
M.O
【AICHI / IR】
@minimamist_38

NATURAL SPIRITS
HONEY HONEY

突き詰めたのは、ガーリーシックで心地いい空間

シンプルだけど温かみがあってオンリーワンのものが好きという彼女が暮らすお部屋は、物を極力置かずに、空気感で叶えるナチュラル空間。お気に入りの物を見つけるまで買わない、というこだわりを持って、あえて余白を取るという算段。プロジェクターで壁に映した映画を見ながらまどろむ時間が至福なんだとか♡

1_寝転びながら壁に映し出した映画を見られるスペースがお気に入り。 2_ハンドメイドで作ったドライフラワーも雰囲気出しに一役買う。 3_お気に入りの赤い椅子。存在感のある色味はここだけ。 4_シンプルだけど温かみがあるベッドルーム。グリーンがマッチ。 5_レトロなトランクケースは収納として活躍。ヴィンテージやアンティークなど、大切に使われてきたものをさらに大切に使い続けることも女度UPな要素。

HOW TO MAKE NATURAL SPIRITS
ナチュラルなスペース、どうやって作る?

1 ─ 白い壁はそのままに あえて何もしない、という余裕を

壁にはできるだけ何も飾らず、余白を楽しんで。
空間に抜け感がでることで広々とした印象になり、
ゆったりとした気持ちで過ごせるはず。
白壁があることで、部屋いっぱいに自然な明るさを
取り入れられるのも嬉しいポイント。

1_

2 ─ 大きなフラワーベースに やさしいグリーンを添えて

植物を生けるフラワーベースは、大きなものをチョイス。
グリーンの個性をいかせるよう、色や形の相性も考えて。
ベースは床に置くことで、シンプルで素朴な印象に。
部屋全体の調和がとれるよう、植物は色味の少ないものがベスト。
主張しすぎないグリーンを選んで、ゆるやかな共存を楽しんで。

2_

3 ─ ウッド素材の椅子を置くことで よりリラクシングな雰囲気に

部屋の雰囲気を大きく左右する椅子は、
ナチュラルなウッド素材をセレクト。
木のぬくもりを感じられるだけでゆるやかな気持ちに。
合わせるクッションなどのファブリックも、
主張しすぎないベーシックカラーで統一して。

3_

4 ─ たっぷりの自然光が入る窓際は 天然素材の小物との相性抜群

窓際には植物やシーシェルなどをさりげなく飾って。
窓から入る光をうけて、キラキラ輝くような小物もオススメ。
ただのシンプルとは一線を画す、ナチュラルでオシャレな
インテリアを実現するためには、細部こそが大事。
小さなスペースにもこだわりを感じられるアレンジを。

4_

5 ─ ホワイトで統一された水回りに フレッシュさをプラスするグリーンを

水回りは白で統一するのがナチュラル派のオキテ。
生活感が出てしまいがちな洗剤は、詰め替えボトルで
色とデザインを統一することでスッキリおしゃれに。
小物を入れる収納ボックスなども、トーンを揃えて。
シンプルな空間にグリーンを飾ることで、清潔感を後押し。

5_

6 ─ 部屋いっぱいに広がる 大好きな映画の世界に酔いしれて

ナチュラルインテリア女子の間で浸透しているのが、テラスdeシネマ。
お気に入りのソファに座って、大好きな映画を鑑賞。
プロジェクターで映し出される壁のまわりにゆるく布を
かけてみるなど、少し手を加えるだけでとっておきの空間に。
愛しい人たちを招いて、ゆったりとした時間を堪能して。

6_

in HER room
;INSPIRATION

chapter 3
COLOR CODE
色の力で唯一無二の存在になる部屋

食欲を増進させたり抑えたり、心に安らぎや元気をくれたり。知らず知らずのうちに色の力を感じて生活している私たち。それを巧みに操って、自分にとって一番心地よく、最も刺激のある空間を作っている女性たちがいる。色壁や柄の壁紙でラッピングされた部屋が、オンリーワンな魅力を彼女たちに与えてくれる。

ここで女度UP!
大柄の花柄を蹴込みに貼ったこだわりの階段。美しい輸入壁紙と色気ある花柄にうっとりします。

COLOR CODE
PARADISE BOUND

owner
あかね
[SAGA / 4LDK]
@akane269

大胆に色柄を取り入れた、わたしだけの楽園

好きなものを好きなように飾る。やさしいニュアンスカラーを大胆に使うことで、
感性のままに選んだ壁紙や小物が見事に調和する部屋。ドアノブや蛇口など
細かいパーツひとつひとつにこだわり、古い家具はDIYでアップデート。まさにオンリーワンの楽園。

[LEFT PAGE]

華やかに咲き誇る大輪の花があしらわれた2階への階段は、秘密の空間へと誘うような雰囲気。

[RIGHT PAGE]

1_階段裏にも花柄を使用することで、小さくとも美しいワークスペースに。　2_浴室には珍しいモスグリーン色のタイルを採用。天井の木目調とあわせてリラクシングな空間に。　3_パッと見るだけで女ゴコロをあげてくれるピンクの壁は、白い壁紙にセルフペイントを施したとか。4_キッチン周りも色で遊んで、家事時間もたのしくハッピーに。　5_遊び心のあるカーテンは光を受けてさらに柄が際立つ。

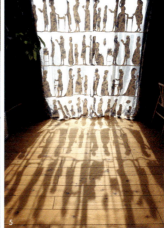

ここで女度UP!
花柄模様のタペストリーやふわふわの小物を揃えた寝室。母である前に女性であることを意識できる空間。

COLOR CODE

LOVERY SPACE

owner
神田 身友希
[TOYAMA / 4LDK]
📷 @to_2tu_mommy

女だけに許される甘さを味わう
ガールズ・ルーム

家全体はフランス映画に出てくるようなシックな雰囲気。
ウッディなベースに落ち着いたカラーで整えられた空間の奥に
ひっそりと存在するのが「女の園」とでも言うべき寝室。
アンティーク調のフラワープリントのタペストリーが放つ優雅さ。
部屋にほのかな甘さを香らせば、女に生まれたことを祝いたくなる。

[LEFT PAGE]

ラブリーでセンシティブな寝室は娘と眠る「女子部屋」。
タペストリー以外の飾り付けはハンドメイドで。

[RIGHT PAGE]

1_ペールグリーンの壁紙で清潔感を感じられるキッチン。 2.4_海外の映画を参考に、落ち着きあるシックな空間を演出。 3_母の祭壇用に購入したビンテージのチェスト。引き出しの葡萄の彫刻に一目惚れ。 5_朝からたっぷり陽の光が入る洗面所。

owner
酒井美世子
[FUKUOKA / 1LDK]
@miya1975

ここで女度 UP!
リビングダイニングとベッドルームが一緒になった1フロア。この部屋で大好きなスイーツを作ってほおばる瞬間が幸せ。

COLOR CODE

CITY MOOD

モノトーン +
1カラーで叶える
アーバンエレガンスな部屋

1LDKの寝室を
ホームオフィスとして使っているため、
LDKにベッドを置いたユニークな配置に。
生活感が出てしまいがちな
ワンルームタイプの部屋も、
モノトーンで統一された家具と
スタイリッシュなアートで
生活感を削ぎ落とし、
ホテルライクな空間に。
淡いブルーの壁が個性的で
飽きさせない空間に。

1_家具や小物をモノトーンでまとめ、アイスブルーの壁紙を際立たせた、アーバンシックな女性らしい部屋。ギャラリーウォールでデコレーションされた壁に、凛としたたたずまいのモノクロ写真が映える。レタリングデザインのベッドクッションもポイントに。 2_壁に飾られたアートは、amazonやikeaなどでリーズナブルに購入。部屋全体の色と統一した黒のポスターフレームに入れたり、モノトーンのラッピングペーパーでデコレーションすることで、プチプラを感じさせないラグジュアリーな雰囲気に。

COLOR CODE
FRESH BLUES

owner
原田友里
[TOKYO / 1DK]
@ponzu_room

ここで女度UP!
ベッドルーム。「ラ・ラ・ランド」のポスターや出窓に飾ったアクセサリーを見ているだけでロマンティックな気分に。

統一されたブルーの空間に お気に入りをつめこんで

壁紙も家具も、小物もブルー。だけど同じ色は
ひとつもない。古い家具や、ちょっとした小物も
DIYでブルーに変えることで、
世界にひとつだけの青い部屋を作っていく。
部屋のあちこちにお気に入りがあることで、
ふとした瞬間にハッピーになれる、
ご機嫌ガールの部屋。

1_クッションやベッドカバーでブルーグラデーションを楽しむ。窓際には大きめのポイントを。インスタでは北欧雑貨系や海外インテリアのアカウントをフォローして参考に。　2_旅先で撮ったお気に入りの写真。ふとした瞬間に目に入るだけでリフレッシュ。3_自分が心から好きなものを集めると、自然に居心地のいい部屋に。　4_ikeaで購入したグレーのソファが淡いトーンを大人っぽく引き締める。　5_色調をそろえてアラジンの家電をチョイス。

COLOR CODE
POSITIVE LIFE

ここで女度UP！
ピンクや花柄の壁紙と、ドアのないクローゼットを備えた寝室。おしゃれを思いきり楽しめる特別な場所。

owner
伊藤あやみ
[AICHI / 3LDK+2S]
@choko_cha815

憧れの映画ヒロイン気分で暮らすおしゃれと生活を両立した家

ふと目にした時、キュンとする色やモノが近くにあるだけで女の子の1日はハッピーになる。そんなコーナー作りが絶妙なこちらの家。シックな屋根裏部屋、家の形の収納コーナー、クローゼット、パウダールーム。そんな家の中の動線の先に映えるのは色や柄が施された壁。心まで豊かになって前向きになれそうな部屋作りが上手。こだわりの照明に照らされた可憐な花やみずみずしい植物からも元気をもらえそう。

1_白を基調にしたシンプルな空間も、床のデザインに遊び心を。　2_部屋の奥に黒の壁紙を使うことで広く感じる。　3_美しい花柄にマッチしたデコラティブな洗面器。　4_部屋ごとに決めたテーマに合う小物選びも楽しみのひとつ。　5.6_思わずキュンとなる壁紙をセレクトすることでおしゃれの時間がさらにワクワクに。

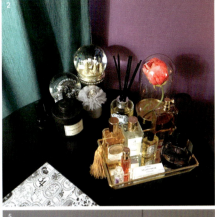

COLOR CODE
ELEGANT WAY

ここで女度UP!
寝室内の香水を置いているコーナー。毎日、「今日は何の香りにしようかな」と考えるのが好き。

owner
矢部あずさ
[TOKYO / 3LDK]
@azusayabe

大胆な色づかいからうまれるセンシュアルな雰囲気に包まれて

パープルの壁紙と見事に調和するグリーンのカーテンが印象的な寝室。そしてビビッドな赤いカーテンが際立つダイニングルーム。部屋ごとにテーマを決め、メインで使用するカラーを選ぶことで、刺激的かつ居心地のよい空間に。部屋のアレンジにあうフレグランスがより一層、ロマンティックに気分を高めてくれる。

1_印象的な色なのに不思議と落ち着くパープルの壁紙。 2_香水置き場。ファッションにあわせて香りをコーディネートするのが至福の時間。 3.4_家の中には、小さくてもなるべくグリーンかお花を飾る。 5_落ち着いた色の壁紙にパッと映えるレッドのカーテン。どことなく海外の邸宅の雰囲気に。

COLOR CODE

キッチン。小さいけれど、お気に入りの小物やお菓子に囲まれるしあわせな場所。

パティオ。天窓からの光を浴びながらティータイムやガーデニングを楽しみ、心に花を咲かせる場所です。

TELLING THE STORY

owner
S.S
[KYOTO / 3DK]
@kiminy86

ストーリーを受け継ぐ家

ジュドゥボウムの本を参考にしてつくった、こだわりあふれる手作りの部屋。誰かの物語を受け継いだような気持ちになれるアンティーク物や小さな雑貨に囲まれていると、自然とやさしく、たおやかな気分に。壁紙はシンプルなものを選び、気分でペンキを塗ったり、水糊でクロスを重ねて自由にアレンジ。

THE FAIRYTALE

owner
安榮 香緒里
[AICHI / 7LDK]
@nicotto_kaori

自分色を足した世界にひとつの家

建築士の父親と設計から考えたこだわりの一軒家。夫婦で家中の壁を漆喰塗りしたり、タイルの床やアプローチのペイビングもすべて自分たちで貼るなど、手づくりにとことんこだわっている。8mの吹き抜け空間にお気に入りのリネンを縫い合わせて自分色の蓋をつけるなど、まだまだ進化中。

HOW TO MAKE COLOR CODE

色柄空間、どうやって作る?

1 —— 色壁を2倍楽しむライトテクで夜だけの特別な空間を演出

せっかくなら夜だって色壁を美しく演出したい!
という人にオススメのテクニック。
壁際にジュエルライトガーランドを沿わせてやさしく色味を強調。
灯りに照らされることで、昼の顔とはまた違う、
温かみと色気のある空間に。

1_

2 —— 大きなタペストリーを飾って空間の印象を大胆にチェンジ

壁を塗ったり、わざわざ壁紙を貼らなくても、
色や柄を取り入れたインテリアを楽しめる方法がこれ。
大判の柄物の布を壁に飾るだけで、空間を全く違った表情に。
季節や気分によって部屋のイメージを変えられるので、
模様替えが好きな人にもオススメ。

2_

3 —— 色で遊んでオンナをあげるツートーンカラーの配色テク

ツートーンのきれい色の配色は、女度をぐっと上げてくれる。
コツは、深みのある色と同系色の淡い色を合わせること。
やさしいグラデーションを作ることでまとまりある空間に。
色壁に色味のあるリネンをかけたベッドをつけて置いたりと、
立体的なカラーブロッキングを楽しんで。

3_

4 —— DIYができないお部屋でもインテリアの色味でおしゃれに

賃貸住宅など壁まで手をつけるのがNGな住居は、
インテリアグッズで気軽に色味を楽しむのがベター。
ベッド上に微妙にトーン違いのクッションを幾つか並べるだけで、
お部屋のアクセントになっておしゃれ度を格上げ。
ソファやベッドなど面積が大きいものも、思い切って色を楽しんで。

4_

5 —— オンリーワンの部屋をめざすなら柄にチャレンジして彩りをプラス

モノトーンやナチュラルが好きな人でも、柄モノにぜひ挑戦を。
部屋のイメージを大きく司る椅子のファブリックを
お気に入りの柄にするだけでも、雰囲気がガラリと変わるもの。
部屋のなかに少しずつ柄を取り入れていくことで、
世界にひとつの自分らしい空間に。

5_

GIRLS DIY GOODS

女子でも使えるDIYグッズ

理想のインテリアを作るなら、DIYにもチャレンジしてプロセスを楽しんで。
女子の気分も上げる可愛いグッズが、あなたのやる気と創造力をプッシュアップ♡

001
トーヨーの
カラートランク型工具箱

DIY女子にぴったりのピンクの工具箱。耐久性、機能性も十分、軽量で角がない丸ハンドルなので持ちやすい。￥1580(税込) ㈱東洋スチール toyosteel.jp

002
ターナーの
クラッキングメディウム

長年使用してきたかのようなひび割れを起こさせる塗料。下地の上にこれを塗り、さらに異なる色を重ねるという簡単手順。200ml￥850 ㈱Decor Interior Tokyo decor-tokyo.com

003
[Ringo]DIY×CATの
ローズキャッツ刷毛

猫イラストにキュンとくる水性ペンキ用の可愛い刷毛(ハケ)。DIY作業中の掃除用刷毛としてもインテリアアイテムとしても大活躍。￥1512(税込) ㈱ヴィレッジヴァンガード ☎0120-911-790

004
ヴィレッジヴァンガードの
電動ガンドライバー

ネジを回すには引き金を引くだけという、女子でも簡単に使えて、峰不二子的気分で作業できる逸品。￥6800 ㈱ヴィレッジヴァンガード ☎0120-911-790

005
アニースローンの
チョークペイントと
ソフトワックス

ニュアンスカラーが豊富で高品質のチョークペイント。使い込んだ風合いを出すソフトワックスにも注目。チョークペイント 1ℓ￥5000、ソフトワックス500mℓ￥3000、120mℓ￥1600 ㈱アニースローンジャパン by DCT INC ☎0594-48-5455

006
iThinkingの
ライノハンマー

サイをモチーフにしたハンマー。可愛くて上品で洗練されたシックなデザイン。DIY女子のやる気を俄然上げること間違いなし。¥6200 ㈱B&W Trading Japan ithinking.bawt.jp

007
&NUTの
日の出レタリングプリント軍手

創業大正七年、職人愛用のロングセラー軍手ブランドで可愛いデザインを発見。しなやかにフィットし強度も十分。¥1280（税込）㈱イエノ rakuten.ne.jp/gold/ienolabo

008
オーダーヘキサゴン
タイル

屋内壁や床に貼るだけでモダンなモノトーン部屋に変幻させる磁器タイル。1箱（25シート）¥27516 ㈱Decor Interior Tokyo decor-tokyo.com

009
decolfaの
シェルフステッカーボックス

壁に貼り付けられるシェルフタイプのボックス。壁を傷めず剥がせるのも安心。壁に立体感ができてリズムある部屋に。¥3000 ㈱Decor Interior Tokyo decor-tokyo.com

010
ターナーの
アンティークワックス

素材の持ち味を引き出してくれ、使い込んだり塗り重ねるごとに木材の傷を味わいに変えてくれる。¥1600 ㈱WOODPRO woodpro21.com

011
decolfaの
インテリアフィルムテープ

お風呂のデコレーションにも使える透明で水に強いテープ。タイル柄の壁が簡単に完成。100mm×8m ¥1200 ㈱Decor Interior Tokyo decor-tokyo.com

GIRLS DIY GOODS

※価格は税抜です。

chapter 4

ARTFUL DAYS

アートで感性を揺さぶる部屋

ふとした時に、視線の先に入るものへのこだわり。
眺めることで、五感を通じてみなぎるパワー。
アートのある暮らしは、心を豊かに満たしてくれる。
有名無名は関係ない。考え過ぎずに好きな場所に置くだけでいい。
出合った瞬間にインスピレーションを感じたアートであれば、
どんなものでも自分だけの宝物になり、
さりげなく側で感性を高めてくれるから。

ARTFUL DAYS

TAKING A BREATHER

ここで女磨UP!
ドレッサー。自分の姿を毎日チェックするドレッサーは、少し怠けてしまった時に襟を正してくれる効果も。

owner
M・F
[TOKYO / 1LDK]
@fabmy0702

花のある部屋で一息し、
心の奥から充電する

疲れて帰ってきた家には、ほんのり香る花の匂い。
落ち着いたダークブラウンの家具に、白いロマンチックなソファ。
シノワズリのラグやスツールがちょっぴり甘さをプラス。
トランジショナルと呼ばれる伝統と現代性を融合させたスタイルには、
大人が可愛さを楽しむためのヒントが入っている。

[FRONT PAGE]

くつろぎながら感性を高めてくれるリビングルーム。ローテーブルのガラス天板の下に、ファッションマガジンやアートブックをのぞかせて。

[LEFT PAGE]

1_ローテーブルに飾りとして置いているベルベットの本は、実はウェディングアルバム。 2_女度を上げるためにも大切な生花。

[RIGHT PAGE]

3_今日はどんな女性になろうか、選ぶのが楽しい香水用のトレー。 4_お気に入りの本はインテリアとして活用。 5_細めの脚をしたダイニングテーブルで部屋に軽やかな印象。夜は間接照明を使い、柔らかい光に目も心もほぐれる。 6_座るだけで女度が上がるドレッサー。 7_シノワズリの小物は、オリエンタル感を醸し出すアイテム。 8_寝室に飾ってあるのは、ゴッホの「花咲くアーモンドの木の枝」。ゴッホ家の子ども部屋の寝室にも代々飾られていたのだとか。

ARTFUL DAYS
GOOD LIFE

ここで女度UP!
玄関。落ち着いた色味のウッドの扉がとても気に入っています。きれいなブルーのフラワーベースにジュエルライトをイン。

owner
栗原欣子
[AICHI / 戸建て]
@cohasumiire24

家にある小物ひとつひとつが わたしらしい佇まいをつくる

リノベーションした家には、アンティーク家具で調和を。
シンプルで温かみのある空間を彩るのは、
直感で選んだ個性の光る小物たち。少しずつ増える小物は、
家になじませていくのも楽しい。
グリーンはいろんなサイズを不揃いに置いて、
広さと奥行を演出。家のところどころに飾った
古いガラスの器に光が反射し、
穏やかなきらめきが日常にこぼれる。

[LEFT PAGE]

1_形が珍しい姿見と曲線の美しい花瓶。　2_デザインが独特な古角志奈帆さん作のクラウンとティアラの小箱。それらを"大人のひな人形"のように見立てて飾った。　3_コンクリートの玄関には、木の扉と緑が映える。　4_グリーンは、器の素材やデザインで変化を。

[RIGHT PAGE]

5_柔らかい色味と青や赤の差し色の小物をバランスよく使う。大好きな福井直子さんの絵は、色づかいや縫い付けてあるビーズにときめく。　6_ひだまりとアートが優しく調和。　7_ヘリンボーンスタイルの床でベーシックな部屋にも動きが。　8_植物と花瓶のバランスで、簡単に部屋の気分も切り替える。　9_ガラスのオーナメントと本に這わせたライトでロマンチックモード。

ARTFUL DAYS

FRESH BEGINNINGS

ミシン部屋。大好きな生地を眺めながら、何を作ろうかと思いを巡らせているのが幸せ。

owner
ひらつかあい
[AICHI / 3LDK]
@hakotoki

過ごしやすい部屋は、つくりたい気持ちが芽生える部屋

自分の生活にぴったりはまる家具を思いついた時すぐに作り始めたいと設けたアートスペースが、今ではインテリアの一部に。細かいアートグッズも見せることでアトリエのような雰囲気に。イラストを描くための道具やミシンは、部屋のポイントにも。壁やカーテンレールにフックで緑や掃除道具をぶら下げて、デッドスペースを活用。自分の動きやすい部屋は自分でつくるのが一番！

[LEFT PAGE]

イラストを描くときに欲しいものがすぐ目に入り、手の届くところに。リビングの中にありながら集中できる空間。

[RIGHT PAGE]

1.2_照明カバー、キャビネットや壁掛け時計は昔のオフィスを思わせるようなアンティーク。収納棚、作業台も手作り。部屋に合わせたインテリアはスペースの有効活用にも。 3_白で統一しながら、壁にはタイル、窓ガラスは模様入りでさりげないおしゃれ。 4_リビングの天井、壁、テーブルにも置いている緑は、葉っぱの大きなものを取り入れてエネルギーをプラス。趣味のものは、見せるものだけ並べて雑然とならないように。

ここで女度UP!

お気に入りに囲まれたベッドルーム。自分が大好きなもの、心から可愛いと思える空間はいつでも私を癒して元気をくれる。

ARTFUL DAYS
SOMEWHERE SUNNY

owner
安澤 由華
[KANAGAWA / IR]
@yuika_27

編んだ紐の隙間から光を取り込む
大人ロマンティックが香る部屋

マクラメで紡がれたカーテンにタペストリー。自分で編めば、少しの失敗も自分だけの味になる。タンスやクローゼットは、両親が昔から使っているものを譲り受けて大切に。お金をあまりかけずに、自分のできることを増やして好きを作り上げた部屋。スモーキーカラーでまとめたベッドリネンに包まれて目覚めた朝、窓から差し込む光を受けたら、なんだか気持ちが前に進む気がする。

[LEFT PAGE]

1_自分で編んだマクラメのカーテン。長さがふぞろいなデザインが印象的。 2_木と紐とドライフラワーを組み合わせて作ったオブジェ。綿花を入れて優しいイメージもプラス。 3_グリーンのポットは、同じデザインでも台の上に載せて並べるだけでおしゃれさがアップ。

[RIGHT PAGE]

出窓のカーテンレールではなく、天井からオーガンジーのような薄い布をつけることで、雰囲気が上がるとともに光が多く入る。ベッド周りの枕やクッションは、色の統一を守りながら素材、形、大きさで変化をつけて。

ARTFUL DAYS

THE SCENT OF SEASONS

アートを中心にした季節の移ろいとともにある家

大好きなアートを飾るために選んだ家は320平米と広々。置いている作品も季節や気分で模様替え。家具はできるだけシンプルなものを。リビングには最低限の物を置き、生活感を感じさせない工夫。古いものと新しいものをうまく織り交ぜ、洗練された空間を実現。まるで好きが詰まった小さなギャラリーのよう。

ここで女度UP!
キッチン。自宅で料理教室を開いていることもあり、料理を作っている時に女度が一番上がっている気がする。

owner
トゥルーラブ真智子
[TOKYO / 1LDK]
@machikoytruelove

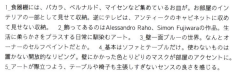

1_食器棚には、バカラ、ベルナルド、マイセンなど集めているお皿が。お部屋のインテリアの一部として見せて収納。逆にテレビは、アンティークのキャビネットに収めて見せない収納。　2_飾ってあるのはAlessandro Raho、Simon Fujiwaraの作品。生活に柔らかさをプラスする日常に馴染むアート。　3_壁一面ブルーの世界。なんとオーナーのセルフペイントだとか。　4_基本はソファとテーブルだけ。使わないものは置かない開放的なリビング。壁にかかった色とりどりのマスクが部屋のアクセントに。　5_アートが際立つよう、テーブルや椅子も主張しすぎないセンスの良さを感じる。

ARTFUL DAYS

SWEET DREAMS

好きなものが作り上げる
友人が長居したくなる夢ごこちな空間

おしゃれと居心地の良さが同居した家。テーブルやベンチ、棚など、欲しいものは作ることも。バリの「Bungalow Living」がお気に入りで、家のいたるところに雑貨やファブリックを飾って異国感をプラス。グレーに塗った壁に家具の白が映えた景色もお気に入り。飽きっぽくて模様替えは頻繁にするけど、好きなもの以外は置かない主義は一貫。

ここで支度UP♪

常に目につくところに付けた鏡。ストレッチする時にチェックしたり、以前より髪型やメイクを気にするようになりました。

owner
木村 アキ
[SHIGA / 3LDK]
@jepun_aki

1_大きいマクラメのタペストリーは壁の色に映えて、緑とも相性抜群。 2_手作りのローテーブルは移動式なので、友人が来た時も楽々レイアウト変更。真っ白な皮のスツールは部屋の中でも目立つ存在。3_自分で取り付けた飾り棚には好きなものを並べて。ふと見た時の可愛さに元気が出る。4_リビングのソファはikeaで購入。友人とともにここでリラックスして過ごす。

ARTFUL DAYS

TRE4SURES

変わらない好きを詰め込んだら、
温もりのある自分だけの空間ができた

ずっと変わらない好きなものは、ブリキの缶や瓶などのアンティーク雑貨。
子どもの頃から少しずつ集めたコレクションは、部屋に飾るだけでなく、
生活に取り入れ、使っていくのがわたし流。赤や緑、茶色など
自然な色を選んで、コンクリートの家にも温かみをプラス。自身で作った
ドリームキャッチャーやドライフラワーを飾り、より落ち着く空間に。

ここで女度UP!
トイレ。こだわりをかけにくいトイレも、疎かにせず意識を持つことが女度を上げると思う。

owner
田中 萌
[TOKYO / IR]
@hemii_aow

1_トイレは海外の車のナンバープレートやポスターを貼って、気分のあがるスペースに。 2_ネイティブ柄ファブリックは明るさと温かみをくれる。 3_壁を縦に飾ることで天井が高く見えるように工夫。 4_旅先の蚤の市で買ったブリキ缶は収納としてもインテリアとしても優秀。 5_カレンダーやポストカードを飾ってアーティスティックな壁に。 6_毎日使うキッチン用品は、壁にかけて見せつつ使い勝手もよく。

THE CALM

安見えしないミニマムで
落ち着く部屋はアートで実現

はじめての一人暮らし。コストをかけず、清潔感のある可愛い部屋にしたい。憧れの家具を買うのはひとまずおあずけ。
スペースが限られている中で、大事なのはアートディスプレイ。写真立てにはどの雑誌の切り抜きを入れよう？ どう組み合わせる？ 自分で考えて配置したアートひとつで、雰囲気が変わるのが楽しい。

ここで女度UP!

リビングルーム。ここでディスプレイの仕方や次にどんなものを購入するかを考えるのが楽しい時間。

owner
M.I
[FUKUOKA / IK]
@75m__k

1_無印良品の飾り棚。雑誌から気に入った写真を切り抜いて作成。
2_クラシックなマーシャルのオーディオスピーカー。クラシックなインテリアを演出。 3_無印良品の飾り棚にはお気に入りのドライフラワーや写真立てや雑貨を配置。
4_ベージュとグレーの柔らかいトーンで統一した家具。

ARTFUL DAYS

HELLO, NEW DAY

差し込む光におはようを言って、
今日も鏡の前で
小さな決意をする

苦手な朝を気持ちよく迎えるために
コーディネートした部屋。朝日が映える白を
基調に、ポイントカラーをバランスよく
ちりばめる。幸運を呼んでくれそうな
ドリームキャッチャーとお気に入りの
kotoka izumiのイラストは写真立てに入れて、
新しい毎日を迎えるたびにゴキゲンな
スペースが完成した。

ここで女度UP!
鏡の前。一番日が当たりやすい、化粧をして外に出るために準備する場所。綺麗な光が入ると自然と気持ちがシャッキとする。

owner
有田 英里奈
[KANAGAWA / IDK]
@peico_chan

BEST SEAT

見たい景色が見られる
特等席のある部屋

プロジェクターで、自分だけの
映画館を設けた。
好きな恰好で好きな映画を観られるなんて、
至福の時間。お気に入りの旅の
写真とHALCALI HALCAがデザインした
お気に入りのハンカチを飾ったデスクも好き。
好きなものに囲まれているから、
窓がない部屋でも居心地抜群。

ここで女度UP!
CHARAのビッグスマイルが光る写真を飾っているデスク。落ち込んだ時に気持ちを整理できるバスルームも好き。

owner
たけうち あゆみ
[OSAKA / 1R]
@11ayu4

FASHIONISTA

ファッションの世界から
広げるインスピレーション

生活感の出るものは見えないところに収納し、
家具は白系で統一。さし色としてアートブックや
ポスターを飾っている。Louis Vuittonの
エキシビションで頂いたポスターはフレームに。
旅が好きだからこそ、ポスターを見ているだけで
わくわくした気分に。ごちゃっと見えないよう、
アクセントになるものだけをチョイス。

ここで女度UP!
窓の近くのスペース。光が差し込むので雑誌を見ながらゆっくりお茶を飲んだり、ストレッチをしたりして過ごします。

owner
室井 登志子
[TOKYO / 1K]
@stylebytosu

HOW TO MAKE ARTFUL DAYS
アートな空間、どうやって作る？

**1 —— インパクト強めのデザイン家具で
一瞬でおしゃれな部屋を演出**

大物一点で部屋の雰囲気をつくりたいなら、
アーティスティックなデザインの家具を選んで。
陶芸作品のようなサイドテーブル、変わったモチーフの棚など、
作り手の思いが感じられるような家具があるだけで
心を引きつけられる、印象的な空間に。

1_

**2 —— 今すぐできる簡単アート！
フレームにときめきを詰めこんで**

手軽にアートを楽しみたいなら、小さなアートフレームがおすすめ。
好きなフレームに好きな写真を飾り、自分らしく空間を彩って。
お金をかけずとも、旅先で出会った風景や、愛する人の姿など
自分自身が心ときめくものであれば、それは立派なアート。
「好き」を身近に感じられるだけで、
部屋の温度感が劇的に変わるのがわかるはず。

2_

**3 —— 小さな家でも、DIYが苦手でも大丈夫
壁をアレンジするだけでおしゃれに**

狭小の居住スペースでアートを楽しむなら、
壁の使い方に工夫を。白い壁をキャンバスに見立てて
マクラメやタペストリー、
ドライフラワーなど好きなものを感性のままにアレンジしてみて。
マスキングテープで雑誌の切り抜きやおしゃれなハガキを無造作に
貼ってみるだけでも、感性を心地よく刺激する空間になるはず。

3_

**4 —— 心に小さな余裕がうまれる
アートのためだけのスペースを**

広い壁がない家でも、小さな飾り棚を取りつけるだけで
アートの気配を感じられるスペースに変身。
実用的なものは一切おかず、
潔くアート要素になるモノだけを並べるのがコツ。
ランドリースペースやトイレといった生活感がある場所も、
飾り棚にプチアートを並べることで小さなミュージアムに。

4_

**5 —— なにげない日常をアートに変える
デイリーグッズにひと工夫**

デイリーに使うものだって、おしゃれなパッケージをセレクトしたり
置き方を少し変えることでアートになるから不思議。
小さな香水ボトルをまとめてラフに置いたりと、
コスメもあえて収納せず、目に見える場所においてみて。
美しい缶やボトルは一箇所にトーンを揃えてまとめて。
花を添えると、アーティスティックな雰囲気に。

5_

in HER room
;INSPIRATION

chapter 5
VINTAGE GLAM

古い物を愛し丁寧に生きる部屋

古い物を愛でる、それも美しさの一つ。きちんと手入れされたアンティーク家具には、それを眺めているだけで、
その人の丁寧さがわかる。高価な年代物なんてなくていい。どんなものでも長いストーリーや経年変化を楽しめる人には、
上手に歳をとっていく術を感じる。きっと人も物も家も、熟成していくプロセスにこそ価値があるんだ。

[LEFT PAGE]
イギリスやフランスのアンティークが好き。年代物のキャビネットの上もクラシックなミラーや燭台でニュアンスを足して。

[RIGHT PAGE]
キッチンカウター下にはベニヤ板を貼り、モールディングを施して上からグレーで塗装。海外のカフェカウンターをイメージ。

VINTAGE GLAM
DREAMING OF SUN

ここで女度 UP!
アンティーク家具やお花で
デコレーションしたリビング。
新たなインスピレーションが
浮かび、楽しい気持ちに♡

owner
早川 亜和子
[AICHI / 3LDK]
@ako_favori.111

パリのアパルトマンのような
ヴィンテージライクな空間

ストーリーを感じるアンティークの家具や雑貨をディスプレイして
インテリアをクラシックに演出。シャビーな雰囲気のお部屋に、
鮮やかな生花やドライフラワーを差し色にして、明るく柔らかく。

[LEFT PAGE]

1_リビングには少し褪せたきれいな色のファブリックを入れて。温かみのあるラグもヴィンテージ感を後押し。　2_ダイニングテーブルもアンティーク。ヨーロッパのレトロな小物も雰囲気にマッチ。

[RIGHT PAGE]

3_既存のブラウンの棚をブラックでリペイントし、モールディングと真鍮の取っ手を付けたDIY。棚奥の背面にも壁紙を貼るというこだわり。　4_壁にベニヤ板とモールディングを施しピスタチオグリーンで塗装。ガーリーな印象に。　5_オシャレな人のインテリアブックを参考に。　6_鮮やかなドライフラワーが差し色に。　7_ベッドルームの一部をドイツの輸入壁紙に張り替え。

1

お気に入りが詰まったキッチン。愛すべき日用品とグリーンや生花を取り入れた癒しの空間。

ここで女度 UP!

owner
naoon
[SHIGA / 3LDK]
instagram @naos70

VINTAGE GLAM
ROUGH DAY

肩肘はらずに過ごせる
使いなれた癒しの空間

シンプルで品があり、開放感のある部屋。と見せているのも、巧妙なテクニックによるもの。廃材のようなニュアンスのあるウッドを使った壁など、新しすぎないインテリアに部屋全体を統一。マットな色味の塗装や、珪藻土壁をディアウォールを使って板壁にしたりと、上品でぬくもりのある空間に仕上げた。

2

3

[LEFT PAGE]

1_ダイニングから見えるキッチンの壁棚はあえて見せる収納に。 2_程よく生活感を感じさせながらも、落ち着くカフェのような雰囲気。 3_インテリア雑誌で感性を高めることもしばしば。

[RIGHT PAGE]

4_真っ白だった既製品の食器棚は、100円ショップで購入した板を張り付け上部には塗装した天板を置くというこだわりのDIY作品。 5_お気に入りの器は眺めているだけでも幸せ。 6_部屋づくりをするうちに友人を招くことも多くなったとか。 7_冷蔵庫横の空間もウッドのフックを取り付け家電のシャープさを軽減。 8_癒しのグリーンが彩る窓辺。 9_シックな色味の草花が似合う。生花はもちろん、ドライフラワーのスワッグも好き。

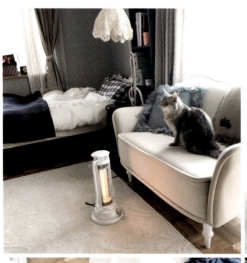

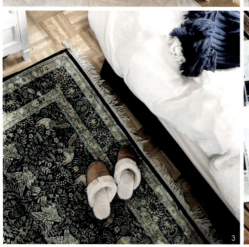

VINTAGE GLAM
LAZY MORNING...

owner
R.M
[TOKYO / IK]
@ricachaaaaan

ここで女度 UP!
鏡が置いてある洗面所と化粧台。「一日頑張ろう、一日お疲れ様」と問いかけながら自分を見つめ直します。

一日の始まりから終わりまで、
自分が落ち着ける大好きな空間

祖母の住んでいた家を部分的にリフォームして住んでいるというお部屋。扉や床はそのままに、雰囲気を見事に活かしたヴィンテージ空間が完成。テーマは「パリの小洒落たアパート」。限られたスペースを工夫しながら、温かみのある部屋を実現した。休日はアンティークに囲まれながら、のんびり料理するのが幸せの時間。調理器具一つにもこだわりが。

[LEFT PAGE]

1.3_レースのスタンドライトとウィリアムモリスの絨毯は祖母から譲り受けたもの。長年使いこんだヴィンテージ品には愛着が。 2_洋服と同じようにインテリアコーディネートを楽しんでいる。 4_洗面所のタオル棚をDIY。合板をペイントし、おしゃれな鏡を設置して自分好みに。 5.6_ラグやクッション、ベッドリネンは季節や気分によって変化。プチプラでバリエーションも多いZARA HOMEのアイテムが好き。

[RIGHT PAGE]

7_夜は間接照明でリラックスして過ごす。こちらも祖母から受け継いだアンティーク品。 8.10_しまっておきたいものはきちんと収納し、見せたいものはどこに置くと映えるかを考えるとセンス良く仕上がるとか。 9_古材を使ったチェストはトーマスビーナのヴィンテージ感あふれる一品。部屋の中で一番目を引くポイントになると考え、時間をかけて探したそう。

VINTAGE GLAM
FREE & EASY

ここで女度 UP!
寝室。大好きなインテリアやアイテムに囲まれ、お気に入りの香りに癒される、ホッとする場所。

owner
M・H
[WAKAYAMA / 5LDK]
@mai0509hm

時を重ねる度に味わい深くなる唯一無二の家

ヴィンテージ感あるブルックリン風インテリアが印象的。カッコよさと渋さ、暖かみが滲みでるよう意識しているという空間は、随所まで気づかいを感じられる。日頃からインスタグラムで素敵な家を見つけては参考にしているという。常にアンテナを張ってコーディネートを楽しむことがセンスアップの秘訣。

[LEFT PAGE]

1_レザーソファにレンガの壁、モダンアートがニューヨークのアパートの一室を思わせる。住宅とは思えない窓ガラスのレタリングデザインが、洗練された家へと導く。 2.3_モノトーンでシンプルに。インテリアがマンネリ化しないように、ラグやクッションカバーは季節によって替える。

[RIGHT PAGE]

4.5_ナチュラルで清潔感のあるダイニング＆キッチン。 6.7_ベッドルームの雰囲気を決定づけるアメリカ製のサイドボードはsharkattackで購入。家が出来上がる半年も前に一目ぼれして手に入れたそう。赤みの抑えた茶色と綺麗な木目が目を引く。エイジドなゴールドのロゴもお気に入り。 8_洗面所は自然光の差し込む明るい雰囲気。 9_生活用品は表に出せるものを選んで購入。整理整頓が苦手でも美しく見せることができる。

VINTAGE GLAM
KEEP IT REAL

owner
山本 ナエ
[OSAKA / 2LDK]
@ana.auseklis

ここで充電 UP!
リビングダイニング。東向きの窓から光が降り注ぎ、パワーを感じる場所。ここでエナジーチャージします。

自分らしい空間で、自分らしい人生を送る

タイポグラフィがシックに映えるインテリア。壁面を使ったディスプレイで開放感も生み出している。使い慣らされたヴィンテージ感が好きで、DIYで作りだすことも多々。ペンキ塗りは気負いなくできるとか。白く塗ってからヤスリを掛けたという窓周り、チェスト、ボックス、テーブルが、雰囲気を高めてくれる。

1_冷蔵庫にはダイソーの煉瓦シートを貼り付け、セカンドバナナのフックを引っ掛けた。家電をヴィンテージワールドに調和させるためのグッドアイデア。　2_見ているだけで楽しい壁面ディスプレイ。フレームの中にはジャーナルスタンダードファニチャーのカタログの切り抜きを。ワイヤーオブジェはニコアンドで購入。　3_白くペイントしヤスリを掛けたチェスト。角にヤスリをかけると風合いが出るとか。　4_窓の上のフレームにはSupremeのステッカーとショッピングバッグから切り取ったロゴが。　5_ジャーナルスタンダードファニチャーの鉄製チェスト。　6_壁に取り付けたアイアン棚。

VINTAGE GLAM
NEO INDUSTRIAL

ここで女度 UP!
日の当たるリビングは自分をリセットできる。シンプルでホテルライクに仕上げたバスルームも好き。

owner
山下温代
[FULOI]
@ajinco

柔らかい雰囲気のネオ・インダストリアル

フレンチインダストリアルがテーマ。パリスタイルの甘さと辛さに、日本の木をミックスした雰囲気を目指して、お部屋はグレイッシュトーンで統一。アイアンやステンレス、モルタルを効果的に使いつつ、色も加えて女性らしさもアレンジ。小物やグリーン、アートでおもしろみやアクセントを出すのも得意。

1_リノベーションの際、すべてペイントした壁。雰囲気を変えたい時にすぐに塗り替えられるようにラフな仕上げにしている。 2_キッチンは黒板塗料でペイントしてビストロのような空間に。 3_アンティークドアは塗装や加工は一切なし。傷だらけなところも取っ手が硬いところも愛着が沸いてお気に入り。 4_ジャーナルスタンダードファニチャーのスチールチェストが雰囲気にマッチ。 5_ウォールステッカーを貼ったリビングの壁。 6_日の当たる空間で安らげるようチェアが鎮座。 7_採光を考えたアイアンの階段。目にとまる大きなオブジェがアイコニック。 8_グレイッシュトーンに赤の差し色を。

ここで女度 UP!

ブラウンベースで統一したリビング。一日中、陽の当たるこの場所で過ごす時間が1番ホッとできる。

owner
鈴木恵子
[KANAGAWA / 3LDK]
@jersey_7325

VINTAGE GLAM
WARM WOOD

ウッド家具とアンティークがメインの
アメリカンヴィンテージハウス

夫婦が好きなアメリカンヴィンテージを取り入れた、
時間を忘れるような居心地のいい部屋が完成。
作り手の思いを感じる品のあるアイテムと
大切なアンティーク家具をミックスし、全体的に落ち着いた
トーンでまとめた空間。モダン要素や女性らしさも加え、
男女ともにくつろげる場所に。グリーンのカラートーンにも注目。

1.2_アンティークの家具や、ドライフラワーを取り入れ置きとストーリーのある部屋に。海が好きで、「BEACH」や「SURF」など分かりやすいモチーフではなく、肌ざわりのいいリネンなど素材や壁に飾るアートなどさりげなく、都会的に海を感じられるようにしている。

3_アンティークショップで購入した「GEスクール・クロック」がお気に入り。　4_アート、植物を多く取り入れ、視線がそこに向くようにして生活感を最小限に留めているそう。　5_寝室には流行りのBOHOスタイルの小物とキャンドルを。大掛かりなBOHOスタイルを取り入れると流行りが終わった時に困るので小物程度に抑えているとか。　6_綺麗に整頓された木の温かみを感じる洗面所。　7_白で統一された清潔感あるキッチンの足元には、旬のモノトーン柄のフロアマットを敷いて。

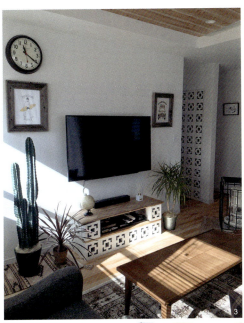

VINTAGE GLAM
EVERLASTING DREAM

ここで女度 UP!
バスルームでのリンパマッサージやスクラブでのケアが日課。アロマをたきながらスキンケアをするベッドルームも。

owner
山野辺 真弓
[KANAGAWA / 9LDK]
@sou.communication

愛するものに囲まれてどんな瞬間にも幸せを感じる家

ロマンティックな調度品に包まれて、誰もが夢見る、古城の一室のような雰囲気を実現。ディテールまで気を配ったエレガントなお部屋は、なんと家中をDIYで仕上げたもの。イメージに合わないものは自ら作り出し、好きなものしか持たないというこだわりが感じられる。洋服には取り入れないピンクも意識的に使い、女性らしさを意識。

[LEFT PAGE]

壁のペイントやラグの柄など、ヴィンテージライクな世界観で組み合わせを楽しんでいるダイニング。おしゃれさだけを考えるのではなく、使いやすさを考えることも大切。きちんと導線を考えて、ストレスフリーを追求。物は持ちすぎず、使わないものはなるべく手放すように。

[RIGHT PAGE]

1.2.3_オフホワイトのトーンで統一されたシャビーシックな室内。 4_カーテンのドレープ一つとっても参考になる。 5_くつろぐための広いスペースと、気分の上がるスペースの両方を作り、静と動のバランスを大切に。 5_内装はDIYで崩れかかったようなレンガの壁を再現。キッチンや玄関にも内装を施し、オリジナルの空間に仕上げている。 6.7.8_ちょっとした棚上のデコレーションやファブリックにもヴィンテージの息吹を。

VINTAGE GLAM
CR4FTSM4N SHIP

作り手のストーリーを感じる
アンティーク感漂うインテリア

アンティークの棚を置いたスペースを軸に
イメージを広げ、クラフトや雑貨を加え
絶妙なバランスでウォールを飾っていく。
古い物と丁寧に手作りされた物には、
ストーリーがあるという共通点が。
よって、様々な時代のものが無理なく
心地よく共存できるというわけ。

owner
A. H
[HOKKAIDO / 1LDK]
@nanashi_06

ここで女度 UP!
女性らしいデザインの鏡を並べて飾っているシェルフの上。いつも第一印象で気に入った鏡は購入してしまいます。

1_祖母の家にあった鏡とキッチュな雑貨がリズミカルにかかるウォール。2_アンティークの食器棚の中には骨董の器も。3_生活感をお洒落に演出。思い出のシドニーの図書館のしおりはマスキングテープでラフに貼って。4_日本や北欧、タイの個性豊かな食器が宝物。5_陶器やマトリョーシカはポーランドで。6_低めの家具で広さも確保。

VINTAGE GLAM

FANCY WORLD

owner
Y.O
[HYOGO / 1LDK + ランドリールーム]
@shabbyhoney_yuki

ここで女度 UP!
アトリエと呼んでいる書斎。好きなものに囲まれているだけで落ち着くし、ガラスの向こうに家族の様子が見られるのも幸せ。

おしゃれで、どこか異空間なマイルーム

シンプル、なのにロマンチックな
ムード溢れるインテリア。淡い色合いと、
グレモン錠、ガラスジャグ、アイアンフェンスなど、
細部に施されたアンティークの質感が掛け合い、
シャビーシックな空間が出来上がった。

1_アンティーク風のシングルソファに柔らかいトーンのカーテンがマッチ。夢心地な窓辺で過ごす時間が好き。　2_レディライクな鏡が部屋に特別感をもたらす。　3_リビングにはスモーキーなグレーのソファが鎮座。その背面は、隣のアトリエが眺められる開放感のあるつくり。　4_現在、子供部屋にお家型の小上がり(下には収納が!)をDIY中。　5_佐藤貴予美さんのインテリア本などを参考にお部屋づくりを楽しむ。ドライ植物が雰囲気にマッチ。

VINTAGE GLAM
FRENCH CHIC

ヨーロッパのアンティークを意識した秘密の部屋

フレンチスタイルの
やわらかな雰囲気は毎日の気分を
上げてくれる。仕上げるコツは、
アクセントの強い色を避けること。
石や木目調のナチュラルな風合いに
ゴールド素材を使うとおしゃれな
アンティーク風に。

1_部屋のアクセントとなっているオーバルフレームのミラー。天使モチーフのランプは両親から譲り受けたもの。　2_ラグを使えばワードローブを吊るしたラックまわりもおしゃれに。　3_カーテンはレースのものだけを使用。自然光を取り入れてロマンティックな雰囲気に。　4_白のインテリアで統一してラグジュアリー感を演出。　5_大理石風のテーブルは、ニトリのインテリアシートを利用したもの。おしゃれな内装はリアルプライスで簡単にできるということ！

ここで女度UP!
アンティーク調のゴールドミラーの前。お気に入りのアクセサリーや香水を選び、手に取る時間が好き。

owner
池内 ユリ
[TOKYO / 8畳 / 木]
@ahokabo

HOW TO MAKE VINTAGE GLAM

ヴィンテージな空間、どうやって作る？

1 ── カラーとテイストを揃えるだけで
ヴィンテージライクに

希少なアンティークを揃えずとも垢抜けたヴィンテージ感を
演出したいならば、小物のカラーはブラウンと黒、
テイストはクラシックやシャビーなものをミックスしてみて。
手軽に購入できるリーズナブルな家具や小物でも、
ポイントを押さえるだけでヴィンテージライクな印象に。

2 ── 高価な一級品でなくても OK
初心者はまず小物からトライ

数字やタイポグラフィ、時代を感じさせるアートワークなどは
インテリアの中でもヴィンテージ感を出しやすい要素。
素朴でどこか懐かしい小物で、部屋の雰囲気に深みをプラス。
時計やポスターであれば初心者でもチャレンジしやすいのでおすすめ。
小さなグッズからヴィンテージを取り入れてみては。

3 ── シャビーな中にキラリと光る特別感が
ヴィンテージライクなインテリアの基本

ゴージャスな煌めきを放つ小物たちを集めることで、
重厚感と華やかさを感じさせて。
パールやゴールドは、小さくても本物の輝きがあるものを。
見つめているだけで美しくなれるような
センシティブな世界を楽しめるのは、女の特権。

4 ── 上質なヴィンテージ空間を目指すならば
五感が喜ぶ「本物」を選んで

本物のアンティークを取り入れれば、その瞬間に雰囲気作りは完成。
存在感のあるテーブルやソファ、ベッドならばもちろん、
飾り棚に置かれた小物であっても、その威力は抜群。
そこだけ時が止まったような、特別なムードを感じられるはず。
上品なヴィンテージ感にこだわるなら、一点でもぜひ本物を。

5 ── 壁面のアレンジで
家具や小物を引き立てる

家具や小物でヴィンテージ感を作っても
どこか空気感に深みが出ないと感じるならば、壁面に工夫を。
カーテンの色をホワイトからオフホワイトに変えてみたり、
壁に大胆なオブジェを飾ってみたり。
少しカラーニュアンスを変えるだけで見違えるほどムーディに。

6 ── 人目につかないようなスペースも
ひっそりとトーンを揃えて

棚の中や収納スペースにまで丁寧に手をかけることで、
部屋全体の雰囲気はガラリと変わるもの。
古いミシン糸やアンティークの便箋などをラフに置いて、
ちょっとしたスペースもアンティーク調に統一を。
細部にまでトーンを合わせることでグッと素敵に。

in HER room
;INSPIRATION

chapter 6

BOTANICAL MAGIC

植物とともに前向きなパワーを育む部屋

魅力ある女性に、生命力はつきもの。
忙しくてもみずみずしい人。どのくらい落ち込んでも立ち直る人。
そんな人に共通するのは、グリーンをきちんと育て、共存する人。
水やりを続けたり、面倒見が必要だけど、
そのぶん応えて育ってくれるグリーンを見ていると、元気がもらえそう。
毎日が新鮮、セルフアップデートする人の秘密空間へようこそ。

[FRONT PAGE]
多肉植物を多く取り入れた、ユニセックスな空間。鉢は明るい色味を選んで爽やかに。

[LEFT PAGE]
1_シンプルにこだわった部屋はいつも清々しい朝が訪れる。　2_部屋の雰囲気に合ったグリーンとキャンドルをチョイス。　3_朝食のプレートもグリーンをアクセントに。　4_大好きなキャンドルとグリーンは相性抜群。　5_テレビボードとローテーブルはDIYしたもの。広いテーブルにもベンチにもなる。

[RIGHT PAGE]
6_ベッドルームの絵はアメリカのMARK ROTHKOの絵。美しい色彩の絵に惹かれ、10代の頃から好きな画家。　7.8_各部屋にdiptyqueなどのキャンドルを置いて気分をチェンジ。　9_キャンドルを灯して就寝前のリラックスタイム。

BOTANICAL MAGIC

MODERN OASIS

グリーンを都会的に取り入れた
シンプルで過ごしやすい部屋

家の中にいても自然を感じられるよう自然素材をインテリアのメインにした邸宅。
枝物や実際に海岸でひろった流木など、気分に合わせて思いつくままに。
品がありながらもカジュアルさ、DIYのハンドメイド感を取り入れ、
背伸びしない最高にリラックスした時間が過ごしている。

ここで女度 UP!
穏やかなリビング。キャンドルを灯したり、香りの変化を楽しみながら最高にリラックスした時間を過ごせる。

owner
白澤 吉美
[NAGANO / 20k]
@yoshimi_shirasawa

BOTANICAL MAGIC
LIFE'S GREEN

グリーンと花と共に暮らす
隠れた都会のオアシス

燦々と縁注ぐ日差しを効果的使って、グリーンと花をふんだんに取り入れた部屋は、
一歩入るだけでナチュラルなオーラに包まれる。トレンドと好きなテイストを混ぜて、
1つのテイストにこだわらないという自由さも、この家の開放感の理由かもしれない。
重視しているのは女性らしさを忘れないこと。ハンドメイド作品を飾って居心地の良い部屋づくりを。

ここで女度 UP!
ドレッサー。自分と向き合う場所は、女性らしさを忘れないアンティーク風な雰囲気に仕上げてます。

owner
浦野 有希
[TOKYO / 1LDK]
@yyyukitty

[LEFT PAGE]

1_モロッコ製のベルベルバスケットがお気に入り。 2_オーダーして作ってもらったチャンキーニットブランケット。 3_ピンクの花は女らしさを目覚してくれる。 4_2015年から毎年購入しているIKEA art2017のMicha Payer and Martin Gabrielの作品がアクセントに。 5_グリーンがすがすがしい窓際。 6_ドライフラワーも鮮やかな色であればグリーンにマッチ。たくさんのスワッグを一箇所にまとめて。

[RIGHT PAGE]

ウッドパネルを使ってDIYで作ったローテーブル。愛猫のためにリビングにはできるだけ物は置かないという部屋はシンプルで美しい。

1

ここで女度UP!

リビングのチェストコーナー。
お気に入りのアイテムを飾る
場所。引き出しの中には夢
のような素敵な世界が。

owner
NAGISA
[OKAYAMA / 1LDK]
@nagisa.y311

BOTANICAL MAGIC
BLOOMING

部屋中に咲き誇る
家族の温かみのある家

目指したのは、モダンとフレンチをMIXさせた可愛くなりすぎない
雰囲気のお部屋。イメージはパリのアパルトマン。
視線の先のあちらこちらに生花を飾って、みずみずしさを演出。
お気に入りは旦那様からの素敵なプレゼントの「チェストコーナー」。
壁にアートを飾るなど、コーディネートが楽しいスペース。
アンティークの椅子の長い年月をかけて出た風合いが、ここに住んで
10年経ったこの家にしっくり馴染んできているのが嬉しいという。
家族4人＋愛犬シャネルと暮らす我が家が、世界で一番好きな場所。

2

[LEFT PAGE]

1_鮮やかな色の花がモノトーンの世界に艶めきを与えてくれる。　2_幼い
頃から好きなオードリー・ヘップバーンのモノクロームの写真。気分次第で、
いろんなオードリーの写真に替えて楽しんでいるとか。　3_お母様から頂い
た古い洋書とコーヒーカップ。食卓にも花はマスト。

[RIGHT PAGE]

4_葉物よりも華奢な枝がマッチ。　5_デッドスペースこそ手をかけると素敵
空間に。　6_大好きなフランスを描いた、モンマルトルの丘の画家の絵画。
7_お母様から譲り受けたコーヒーカップもアンティーク。　8_サラグレース
のオーナー黒川沙織さんの本などを参考にコーナーを作る。　9_BLANC D'I
VOREのシャンデリアはダイニングの主役。

3

BOTANICAL MAGIC

FLORAL WORLD

ここで女度UP！
窓辺にあるL字カウンター。
お気に入りのジュエリーや
お花を飾って過ごすと、女
度が上がります。

owner
醍醐 紗和
[KANAGA / 1R]
@__sawa_daigo__

花を楽しみながら
リラックスできる部屋

「好きなものに埋もれて暮らす」というのが人生のテーマ！
好きなモノコトを好きなように表現する彼女のスタイルは、
部屋づくりに表れている。生花、ドライフラワー、
そしてファブリックの花柄プリントまで、愛すべき花が
部屋中に咲き乱れる。その香りもお部屋にプラスされ、
コンクリート建ての都会的な住宅を、一気に女性らしく、
エレガントな癒やし空間に仕立て上げている。

[LEFT PAGE]

1_爽やかな花の香りがするアロマディフューザーをコーナーに。花に合う香りを厳選。 2_可憐なだけじゃなく、サボテンのカジュアルな雰囲気もプラスして。 3_ローズクォーツのバングルをアンソロポロジーのストーンのトレイにイン。 4_シャンプー類もナチュラルな香りが好き。

[RIGHT PAGE]

5_ブティックのような棚が、おしゃれを楽しくさせてくれる。 6_花に囲まれて素敵な夢を。 7_毎週新しいお花を買って、花瓶とコーディネートするのが習慣。 8_洋服も女性らしさが漂うピンクが好き。 9_壁の無機質な雰囲気とアンティーク風の雑貨や花の組み合わせが◎。

BOTANICAL MAGIC
HAPPY WEEKEND

週末のような清々しさがある
やわらかい雰囲気のお部屋

家全体をホワイトとグレーを基調にして、
白木をミックスしたやわらかい雰囲気。
DIYをイメージしたオリジナルインテリアを楽しみつつ、
グリーンをアクセントにした空間は、
ナチュラルで、かつどこかモダン。
遊び心のあるデザインが特徴の海外の雑貨を取り入れて、
フォトジェニックでありながら、
大人も子供も落ち着く部屋が完成。

ここで女度UP！
リビング。子供たちが寝たあとのフリータイムにお気に入りのソファーで本や雑誌をのんびりと。

owner
奥山かおり
[KOCHI / 3LDK]
@r_jem_k

1_ホワイトとグレーのコントラストに、背の高い観葉グリーンがちょうどいいアクセントに。　2_ウッドパレットを使い、DIYで作ったローテーブルがリビングの主役。　3_背丈の異なるグリーンが、部屋をリズミカルに彩る。シンプルなモノトーンベースもここまで個性的に。　4_こちらの家型の棚もDIYで。日差しを浴びてグリーンも嬉しそう。　5_イギリス製のrubenirelandのmariannaポスターがアクセントに。　6_グリーンをあしらえば部屋の隅もおしゃれ空間に。　7_もちろん壁棚にもグリーンは欠かさない。

BOTANICAL MAGIC
YOUTHFUL DAYS

ここで女度UP！
リビングとお庭。雑貨や植物に囲まれながらのんびりコーヒーが飲める、1番リラックスできる場所。

owner
為社麻衣
[HIROSHIMA / 4LDK]
@vert.365mailifedesign

新芽に出会うのが楽しみ！
毎日フレッシュな感覚を

窓辺で育つグリーンが愛らしく、
可愛がるのが日課。味のあるアンティーク調の
家具が草花に馴染み、心からリラックスできる空間に。
新しいものは古い雰囲気に
なるようにペイントしてリメイクするというこだわり。
ナチュラルを愛するオーナーが作る、
穏やかな空気感。

1_たくさんのグリーンが部屋中に酸素をいっぱいに届けてくれるリビング。 2_ダイニングの照明は大きなインダストリアル系のデザインで部屋のポイントに。家電もアンティークな雰囲気に合うように選び、飾る場所やバランスにこだわりを持っている。 3_インテリア雑貨はアンティークを中心にセレクト。ナチュラルな流木の飾り棚はグリーンともグッドバランス。 4_植物は、サボテンやエアプランツなどのフォルムが変わったものが好き。大小をリズミカルに飾っている。

1_細かく整頓され、清潔感漂う洗面所。 2_鹿角のオブジェがシンプルな廊下にアクセントをつける。 3_サブウェイタイルが全面に貼られたトイレは、ずっと眺めていられるほどフォトジェニック！ 4_照明プランナーのご主人と選んだアルテック ゴールデンベルのライトがポイント。ドライフラワーとも好相性。 5_ミニマルなシンクにドライフラワーがニュアンスを与える。 6_DIYで作った植物棚。DIY用品はantry parts and supplyで購入。 7_シックな扉とカラフルなラグの合わせがグッドセンス。

BOTANICAL MAGIC
SECRET GARDEN

owner
絵理
[OSAKA / 4LDK]
@eri_kaminari

ここで女度 UP!
常に清潔に、1番気持ち良い空間に心がけているトイレ。アロマキャンドルで香りを楽しんでいる。

都会的なデザインと同居する
秘密のボタカルガーデン

モダンなライトやロフト仕様の間取りなど、都会的要素が詰まった家。家具やトイレのサブウェイタイルなどにも、そんな魅力が。スペシャルリラックス空間は様々な鉢植えを育てているサンルーム。屋内と併設する造りは開放感があり、息抜きをできるスペースとなっている。照明プランナーの旦那様の共に完成させた「部屋のシーン別にこだわった照明」は1番のこだわり。

BOTANICAL MAGIC
SEASON OF LOVE

ここで女度 UP!

明るいキッチン。自分以上に大事な人が喜ぶ食事を作る場所が、1番好きです。

owner
藍
[TOKYO / 3LDK+S]
@pppmoni

植物の変化で四季を感じて
ブームに惑わされないこだわりの家

シンプルモダンの部屋にデザイン家具を取り入れた、センスフルな一軒。ただ、クールになりすぎないのは、グリーン&フラワーの使い方に秘密が。細かい葉の観葉植物のほか、棚上には可憐な花も同居。このメリハリによって、洗練されたスペースが完成。

常に清潔感漂うダイニング&キッチンは、存在感のあるグリーンや生花でみずみずしく。熟練の職人さんが丁寧に作った旭川家具のダイニングセットも素敵。流木にエアプランツやペンダントライトをハンギングしたり、一輪挿しはあえてラフなガラスの小瓶に入れて光を透かしたりと構図を見ながらグリーンを配置するのが楽しい。

BOTANICAL MAGIC

LITTLE NURSERY

遊び心溢れる、明るく小さな植物園

ここで女度UP!
清潔感のあるベッドルーム。真っ白のベッドで植物を眺めながら至福の時間。

owner
三村紗世
[KANAGAWA / 1K]
@sayo1007

清潔感のある白とグレーで統一した部屋に、グリーンを足してニュアンスだし。ベッドサイドに作ったシェルフでは、植物が光合成し、起きたてはいつも爽やか。日差しを受けて壁に映ったシルエットもドラマチックに。

REFRESH ME

ふとした視線の先でリフレッシュを！

ここで女度UP!
ガラス張りで開放的なお風呂。自分のメンテナンスに一番時間をかけられる場所です。

owner
橋本有梨亜
[TOKYO / 1DK]
@yuria_jul

自然素材を生かした家具に、調和するようなグリーン&フラワー使いがうまいお部屋。洗面所、鏡前の足元など、何気なく目線が届く何でもない場所にこそ、みずみずしさを取り入れるオーナーのセンスにグッとくる。

HEALING EFFECT

ここで女度 UP!
穏やかなダイニングとリビング。お花を飾ってお気に入りのアロマキャンドルを炊く時間が至福。

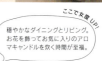

owner
木部由利子
[SHIZUOKA / 3LDK]
@yukiko_sol

アンティークに包まれて
グリーンの香りと共に
癒される空間

アンティーク感漂うダイニングでは、光を透過するガラスの花器でグリーンを飾るのが日課。風合いのある窓枠はDIYによるもの。夜は雰囲気もガラリ。グリーンとドライフラワーの香りに癒され、間接照明を付ければロマンチックなディナーがスタート！

HOW TO MAKE BOTANICAL MAGIC

ボタニカルスペース、どうやって作る？

1 — 狭い部屋でもグリーンを楽しめる ハンギングという選択

狭小スペースにも嬉しいのがハンギングのグリーン。
大きな観葉植物を置かなくても目線の高さにグリーンが来るので
雰囲気を作りやすく、植物の新しい見方も楽しめる。
動きのあるエアプランツなどを選べば、今っぽい雰囲気に。
少しずつ高さを変えて高低差を楽しむのもオススメ。

1_

2 — 窓から降り注ぐ太陽の光で ピュアなパワーを取り入れて

日差しの入る窓辺には、ガラスのフラワーベースにいけた
一輪の花をいくつか飾ってみて。光を受けて放つ透明感は絶大。
キラキラと輝くその姿を見ているだけで、
少女だった頃のピュアな女らしさを思い出させてくれそう。
アンティークのガラスボトルだとさらにセンスアップ。

2_

3 — 変わらない美しさを望むなら 自分らしいドライフラワーを

手間いらずで花の美しさを感じたい人は
ドライフラワーのスワッグを。色味の強い物にすると、
ドライでも部屋のアクセントに。
やさしいニュアンスの色を集めたものだと、女らしい雰囲気に。
部屋のイメージや、なりたい自分を意識して選んでみて。
自分で作ってみるのも意外と簡単で楽しいので、ぜひトライを。

3_

4 — 日常を送る何気ないスペースにこそ 心やわらぐグリーンを置いて

なんでもないところにグリーンを置くことで、余裕のある印象に。
例えばこんな階段。美しいグリーンがふと目に入るだけで、
階段をのぼるという日常的な所作にも美が宿りそう。
器にも目線がいきやすいので、こだわりのものをチョイスして。
味気ない空間にこそみずみずしさをプラスすることで日々に潤いを。

4_

5 — グリーンなインテリアに似合う ナチュラルな香りやコスメ

グリーンインテリアをこよなく愛する人たちは、
使うコスメもオーガニックやナチュラル志向であることが多い。
見るもの、触れるもの、すべてでナチュラルさを取り入れてこそ、
真の美しさが生まれるのかもしれない。
インテリアに合わせて香りもピュアなものを選ぶと完璧。

5_

6 — ピュアでフレッシュ、だけじゃない もうひとつの表情で惑わせて

夜はライトの灯りでグリーンを艶やかに照らすことで、
昼とは違った表情に。足元からふんわりと光を当てると
葉の陰影が強まって、何か起こりそうなドラマティックムードに。
部屋全体がセンシュアルな雰囲気に包まれる光の誘惑の中で、
爽やかだけじゃないグリーンの魅力を堪能して。

6_

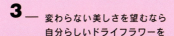

FAVORITE SHOPS

最愛インテリアショップ

ACTUS
アクタス

心地いいモノを永く大切に使おうというコンセプトのもとにセレクトされた、グッドセンスな家具や雑貨の宝庫。

複数店舗あり。店舗情報はHPをご覧ください。
オンラインストアあり
🖥 actus-interior.com
☎ 03-5269-3207

ACME Furniture
アクメ ファニチャー

アメリカヴィンテージ家具を自社工房にてメンテナンスした商品のほか、オリジナルラインも。トラディショナルな中にも遊び心を持つライフスタイルショップ。

複数店舗あり。店舗情報はHPをご覧ください。
オンラインストアあり
🖥 acme.co.jp
☎ 03-5731-9715
(アクメファニチャー 自由が丘店)

ANGERS
アンジェ

京都・河原町に本店のある雑貨店。上質な暮らし、美しいデザインをテーマに世界中の素敵雑貨をセレクト。

複数店舗あり。店舗情報はHPをご覧ください。
🖥 angers.jp
☎ 075-213-1800 (ANGERS 河原町本店)

Anthropologie
アンソロポロジー

ファッショニスタにファンの多い、ニューヨーク生まれのライフスタイルブランド。インテリアグッズは、トップページから「Home&Furniture」をクリックしてチェックを。鮮やかな色彩やパターンに心奪われる!

オンラインストアあり(国内に店舗なし)
🖥 anthropologie.com
(英語のみ)

ANTRY
アントリー

家具や日用品などライフスタイルグッズのほか、建築部材やパーツも揃う、家づくりの強い味方。ナチュラルで質のいいアイテムからお気に入りを見つけて。

複数店舗あり。店舗情報はHPをご覧ください。
オンラインストアあり
🖥 antry.co.jp
☎ 06-4393-8251
(アントリー南堀江)

ANdo
アンドウ

ヨーロッパを中心とした国内外の古道具とオリジナル家具を取り扱うお店。大阪のショップには、ここを愛してやまない人が全国から訪れる。

大阪府大阪市中央区平野町1-1-1
☎ 06-6221-5290
🖥 ando-furniture.com
オンラインストアあり

ikea
イケア

スウェーデン発祥、北欧家具と雑貨が大人気のメガストア! 組み立てる楽しさ、グッドプライス、どんなテイストにもマッチする汎用性で人気度No.1!

複数店舗あり。店舗情報はHPをご覧ください。
オンラインストアあり
🖥 ikea.com/jp/ja
☎ 0570-01-3900
(イケア・ジャパン カスタマーサポートセンター)

IDÉE
イデー

丁寧にユーモアを持ってつくりあげられたイデーの家具には、エターナルな魅力が。暮らしのなかで特別な存在となり、豊かな時間を紡ぎだしてくれるはず。

複数店舗あり。店舗情報はHPをご覧ください。
オンラインストアあり
🖥 idee.co.jp
☎ 03-5701-7555
(イデーショップ 自由が丘店)

unico
ウニコ

家具やラグ、カーテン、ベッドリネン&ファブリック小物など、幅広いラインナップ。木やファブリックの素材感を大切にしたアイテムは、使い込むほど愛着がわくはず。

複数店舗あり。店舗情報はHPをご覧ください。
オンラインストアあり
🖥 unico-fan.co.jp
☎ 03-5793-5524

H&M
エイチアンドエム

言わずとしれたスウェーデン発のファッションブランド「H&M」のホームアクセサリー。商品は、HPのトップページから「HOME ホーム」をクリックしてチェックを。お気に入りのインテリアがグッドプライスで見つかるはず。

複数店舗あり。店舗情報はHPをご覧ください。
オンラインストアあり
🖥 hm.com
☎ 0120-866-201
(H&M カスタマーサービス)

H.P.DECO
エイチ・ピー・デコ

「アート感のある暮らし」を提案するインテリアショップ。スタイルや年代にとらわれずセレクトした家具や雑貨、アートに出会って。

複数店舗あり。店舗情報はHPをご覧ください。
オンラインストアあり
🖥 hpdeco.com
☎ 03-3406-0313

ORNÉ DE FEUILLES
メゾン オルネ ド フォイユ

パリ郊外の一軒家をイメージした雑貨店。フランス・ヨーロッパからの輸入アイテムをはじめ、ストーリーを感じる国内外の商品をグッドセンスでセレクト。

店舗は2018年秋頃、移転オープン予定。
オンラインストアあり
🖥 ornedefeuilles.com
☎ 03-3499-0140
(2018年4月1日まで)
☎ 03-3716-1126
(2018年4月2日~6月末)

壁紙屋本舗
カベガミヤホンポ

「手頃な価格で、誰もが楽しい、確かな品質の壁紙を」という理念が徹底された、人気の壁紙オンラインストア。初心者でも気軽に楽しめるセレクションがグッド！

オンラインストアのみ
📧 rakuten.ne.jp/gold/kabegamiyahonpo
📞 06-6537-7951

kinö
キノ

「ちょっと小さめの機能的でかわいらしいサイズ」のオリジナル家具やアンティーク、照明などが豊富。ギャラリーで心地いい雰囲気づくりに欠かせない一軒。

東京都渋谷区渋谷2-3-11 ラ・ネージュ青山IF
📞 03-5485-8670
📧 kino-interior.com
オンラインストアあり

quatre saisons
キャトル・セゾン

自然を感じながら豊かに住まうパリの暮らしをテーマに、シンプルでナチュラルな生活雑貨や家具が揃う。パリジェンヌのようにフレンチスタイルの暮らしを叶えて。

複数店舗あり。店舗情報はHPをご覧ください。
📧 quatresaisons.co.jp
📞 03-3724-8024

galerie doux dimanche
ギャラリー・ドゥー・ディマンシュ

東京・青山にあるギャラリーショップ。お店は小さいながらもゆったりとした時間が過ごせる雰囲気。個性的なインテリア雑貨やアートなど、フランスを中心としたクリエーターの作品をセレクト。

東京都渋谷区神宮前3-5-6
📞 03-3408-5120
📧 2dimanche.com
オンラインストアあり

CRASH GATE
クラッシュ ゲート

"壊すことで生まれるなにか"をテーマに、ルールや固定概念に縛られず、好きなものを自由にミックスする楽しさを発信。店内ではガレージセールで掘り出しモノを探すような感覚でショッピングを楽しめる。

複数店舗あり。店舗情報はHPをご覧ください。
オンラインストアあり
📧 crashgate.jp
📞 03-6421-1742
　　　　(CRASH GATE 自由が丘店)

KOZLIFE
コズライフ

北欧の豊かな暮らしをお手本にした、日常に取り入れやすいインテリア＆キッチン雑貨がラインナップ。

オンラインストアのみ
📧 kozlife.com
📞 03-6435-2234

THE CONRAN SHOP
ザ・コンランショップ

世界中から厳選されたインテリアアイテムやオリジナルアイテムは、生活が楽しくなるような機能的かつ、デザインの美しい商品ばかり。

複数店舗あり。店舗情報はHPをご覧ください。
📧 conranshop.jp
📞 0120-04-1660

ZARA HOME
ザラホーム

スペインで誕生して以来、ホームデコレーションの最新トレンドを提案。週2回新作が入荷するので常時チェックを！

複数店舗あり。店舗情報はHPをご覧ください。
オンラインストアあり
📧 zarahome.com/jp
📞 03-3462-2133
　　　(ザラホーム・ジャパン カスタマーサービス)

Salut!
サリュ

服を着替える感覚で、気軽にお部屋の模様替えを楽しみたい人にオススメ。洗練された商品、なのにプチプライスという嬉しいギャップにハマりそう♡

複数店舗あり。店舗情報はHPをご覧ください。
オンラインストアあり
📧 palcloset.jp/salut

Sarah Grace
サラグレース

古さと新しさ、エレガンスとかわいらしさの混在を感じる、フレンチスタイルのグッズたち。白やグレー、木目などの柔らかい色味を基調とした優しいインテリアはここで実現。

複数店舗あり。店舗情報はHPをご覧ください。
オンラインストアあり
📧 zakka-sara.com
📞 045-479-8899

CINQ
サンク

直接スタッフが買い付けてきた、メイド・イン・ヨーロッパを中心としたグッドセンスな雑貨を扱う。普段使いしやすく、シンプルで飽きのこないアイテムはここで調達。

東京都武蔵野市吉祥寺本町 2-28-3
グリーニィ吉祥寺1F
📞 0422-26-8735
📧 cinq.tokyo.jp
オンラインストアあり

CIBONE
シボネ

ずっとつきあえる仲間のようなアイテムに出会えるお店。シンプルでありながらエッジの効いた、都会的でワールドワイドな魅力ある家具と雑貨に出会おう。

複数店舗あり。店舗情報はHPをご覧ください。
オンラインストアあり
📧 cibone.com
📞 03-3475-8017 (CIBONE Aoyama)

Sharkattack
シャークアタック

モダン・クラシカル・インダストリアル・シャビーシックなどさまざまなテイストの商品がぎっしり。特に大阪と東京・足立区のストアは目もくらむほどの大型倉庫。心ゆくまで運命の一品を探して。

複数店舗あり。店舗情報はHPをご覧ください。
オンラインストアあり
📧 sharkattack.jp
📞 06-6551-0345
　　　(シャークアタック大阪)

journal standard Furniture
ジャーナル スタンダード ファニチャー

ヴィンテージライクなオリジナルと、トレンドが感じられる国内外の旬ブランドとのミックススタイルは、いつ見ても新鮮で参考になる！

複数店舗あり。店舗情報はHPをご覧ください。
オンラインストアあり
🌐 ——— js-furniture.jp
☎ ——— 03-6419-1350
(ジャーナル スタンダード ファニチャー渋谷店)

SCOPE
スコープ

長く使えてゴミにならない、という目線でセレクトされた食器や家具が揃うオンラインストア。オリジナルの商品や北欧ブランドへの別注・復刻アイテムにも注目。

オンラインストアのみ
🌐 ——— scope.ne.jp

STORE IN FACTORY
ストア イン ファクトリー

国内外から買い付けた"ジャンク"と呼ばれる家具や照明、雑貨などのアンティークが所狭しと並ぶお店。味わいのある古材を使った家具のカスタムオーダーも。

愛知県名古屋市中川区百船町5-6
☎ ——— 052-351-5059
🌐 ——— storeinfactory.com

SPARA Luxury Shop
スパラ ラグジュアリーショップ

モロッカン柄やゴールドジオメトリーなど、ラグジュアリーで洗練された雑貨が豊富にラインナップ！

オンラインストアのみ
🌐 ——— spara-luxuryshop.com

SEN TO SENSE
セン トゥ センス

ヨーロッパ中心に世界中より買い付けた日本未入荷ブランドが魅力的なオンラインストア。キッズインテリアグッズも！

オンラインストアのみ
🌐 ——— sen-to-sence.com

wtw SURFCULB
ダブルティーサーフクラブ

『SURF LUXE』をコンセプトとして、モノトーンの色調をベースに、優雅で都会的な世界観を提案。オリジナル商品や国内外からセレクトされたアイテムは都会的でセンス抜群。

東京都渋谷区神宮前5-16-23
☎ ——— 03-5778-3724
🌐 ——— wtwstyle.com/brand/surfclub

SOLSO FARM
ソルソ ファーム

世界中から多種多様な植物が集められ、自由に伸び伸びと育つ広大なボタニカルファーム。ちょっぴり息抜きをしに訪れるのも楽しい！

神奈川県川崎市宮前区野川3414
044-740-3770
solsofarm.com
オンラインストアあり

TIMELESS COMFORT
タイムレスコンフォート

トレンドをほどよくキャッチした家具や雑貨がお待ちかな。重厚感が特徴の家具ブランド「HALO」など、アンティークテイストのセレクトも充実。

複数店舗あり。店舗情報はHPをご覧ください。
オンラインストアあり
🌐 ——— timelesscomfort.com
☎ ——— 03-5701-5271
(T.C/タイムレスコンフォート 自由が丘店)

DULTON
ダルトン

無骨なアイアン製の椅子から女性向きのキッチン雑貨まで、アンティーク・レトロな世界観の家具を多数ラインナップ。

複数店舗あり。店舗情報はHPをご覧ください。
オンラインストアあり
🌐 ——— dulton.co.jp

D&DEPARTMENT
ディアンドデパートメント

ロングライフデザインをテーマに、日本各地の個性を紹介。カリモク60などの家具や雑貨を販売するショップとカフェは、まさに各県を代表するカルチャー発信地。

複数店舗あり。店舗情報はHPをご覧ください。
オンラインストアあり
🌐 ——— d-department.com
☎ ——— 03-5752-0120
(D&DEPARTMENT TOKYO)

TODAY'S SPECIAL
トゥデイズ スペシャル

名前のとおり「今日が特別になるような発見」のあるお店。日常に取り入れたくなるような、食品・本・衣服・雑貨などの生活道具が充実。

複数店舗あり。店舗情報はHPをご覧ください。
オンラインストアあり
🌐 ——— todaysspecial.jp
☎ ——— 03-5729-7131
(TODAY'S SPECIAL Jiyugaoka)

D9 Furniture Store
ディーナイン ファニチャー ストア

1900年頃のニューヨークアンティーク、インダストリアルを探すならここへ。ドアや金物などの建材のアンティークも幅広いので、DIYや住宅リフォームをしたい人にもオススメ。

東京都渋谷区神泉町8-2 1F
☎ ——— 03-3462-1316
🌐 ——— demode-furniture.net/d9
オンラインストアあり

TOM DIXON SHOP
トム・ディクソン ショップ

革新的で個性豊かな照明と家具を探すなら、このイギリスのインテリアブランドで。ベストセラーであるコッパーシェードとミラーボールを含むコンテンポラリーな照明は、ファッショニスタたちの多くが愛用。

東京都渋谷区渋谷2-1-13
☎ ——— 03-5778-3282
🌐 ——— tomdixon.jp

TRUCK
トラック

流行に流されず、ずっと使いたいと思う家具を作る。その信念が多くのファンの心をつかむ理由。何年たっても愛し続けられる、スペシャルな家具がここに。インスタグラムアカウント@truckfurnitureで、ここにしかない世界観ものぞいて。

大阪府大阪市旭区新森6-8-48
☎ ——— 06-6958-7055
🌐 ——— truck-furniture.co.jp

niko and...
ニコアンド

アパレルに加え、家具や雑貨、食、音楽、アートなど様々なカテゴリーをユニークな視点で編集し提案する人気ブランド。

複数店舗あり。店舗情報はHPをご覧ください。
オンラインストアあり
💻 ────── dot-st.com/nikoand
☎ ────── 0120-601-162
　　　　　（アダストリア カスタマーサービス）

NEST
ネスト

デザイナーズからノーネームまで、新しいものから古い物まで、世界の物が勢揃いる。

福岡県福岡市中央区薬院2-13-27
☎ ────── 092-725-5550
💻 ────── nestdesign.jp

B-COMPANY
ビーカンパニー

自然素材やオリエンタルな風味のインテリアグッズを揃えるドメスティックブランド。手の届く値段、小さめの家具など、一人暮らしにもジャストな、おしゃれ女子の味方。

複数店舗あり。店舗情報はHPをご覧ください。
オンラインストアあり
💻 ────── b-company.co.jp
☎ ────── 0422-21-3277

BIOTOP NURSERIES
ビオトープ ナーセリーズ

都心に暮らす人のための"アーバンガーデニング"を提案。グリーン、ガーデニングアイテム、ボタニカルアートなどが揃い、植物のある生活を気軽に楽しめる。

東京都港区白金台4-6-44 1F
☎ ────── 03-3444-2894
💻 ────── biotop.jp

BICASA
ビカーサ

ソファ、テーブル、ベッド、照明、家電、雑貨…と大充実、しかもトレンドのツボを押さえたアイテムがズラリ。ここだけでトータルコーディネートできそう！

複数店舗あり。店舗情報はHPをご覧ください。
オンラインストアあり
💻 ────── bicasa.jp
☎ ────── 042-227-2924
　　　　　（BICASA 吉祥寺店）

Visions
ヴィジョンズ

アンティークと新進デザインの家具や雑貨を、フランスを中心とした欧米から集めたお店。繊細でキッチュなアイテムでお部屋にフェミニンさをプラス。

大阪府大阪市中央区東高麗橋6-2 1F
☎ ────── 06-6944-4777
💻 ────── v-i-s-i-o-n-s.com
オンラインストアあり

Francfranc
フランフラン

いつの時代も女子のココロをつかんで離さないインテリアショップ。日常をポジティブに彩り、楽しい空間作りを叶えてくれる。

複数店舗あり。店舗情報はHPをご覧ください。
オンラインストアあり
💻 ────── francfranc.com
☎ ────── 0120-500-924

北欧、暮らしの道具店
ホクオウクラシノドウグテン

暮らしの中で使われてこそ輝く食器や家具が充実のラインナップ。オフィシャルのInstagramやFacebookには30万人のファンが！

オンラインストアのみ
💻 ────── hokuohkurashi.com
☎ ────── 042-505-6850

B.L.W
ブルー

日々触れるものだからこそこだわりたい。そんな想いで集められたアイテムは、どれもシンプルで気取らないのに品を感じるものばかり。アートも必見。

オンラインストアのみ
💻 ────── rakuten.co.jp/blw-store

無印良品
ムジルシリョウヒン

1980年に誕生して以来、今やワールドブランドに君臨。シンプルで飽きのこないデザインと、どんなテイストにも必ずフィットする使い勝手の良さで、もはやインテリアブランドの殿堂入り。

複数店舗あり。店舗情報はHPをご覧ください。
オンラインストアあり
💻 ────── muji.com

sisdesign MONOTONE MARKET
シスデザイン モノトーン マーケット

白黒のストライプやボーダー、トライアングル柄など、モノトーンに特化したインテリアグッズショップ。シンプルモダンなお部屋づくりが完成！

オンラインストアのみ
💻 ────── rakuten.co.jp/sisdesign

RACHEL ASHWELL SHABBY CHIC Couture Kyoto
レイチェル アシュウェル シャビーシック クチュール京都

使い込まれた棚やテーブル、ペンキが剥がれたようなチェア。ピュアホワイトに淡いピンク、ブルーなどの優しいカラーパレット。美しく味わいのある家具や雑貨で統一されたエレガントな世界観を覗いて。

京都府京都市中京区河原町 通三条下ル
山崎町251　京都BAL 1F
☎ ────── 075-708-3864
💻 ────── rachelashwellshabbychiccouture.jp

MAISON DE FAMILLE
メゾン ドゥ ファミーユ

パリに本店を置くモダン・クラシックなインテリアショップ。家族の絆や古き良きものを大切にするフランス人の洗練された暮らしのテイストを覗いて。

複数店舗あり。店舗情報はHPをご覧ください。
オンラインストアあり
💻 ────── maisondefamille.jp
☎ ────── 03-5468-0118（メゾン ドゥ ファミーユ 青山本店）

FAVORITE SHOPS

Cover photo : NAO MINAMI

[EDITOR]

YUKI MIYAHARA

Profile

宮原友紀。著名女性誌の編集職を経て、
現在フリーランスエディターとして、ファッションやライフスタイルなど、
さまざまなカテゴリのエディトリアルに携わる。
編著に『THE REAL WEDDING BOOK』、
インスタ発ガイドブック『THIS IS MY TOKYO』
『THIS IS MY HAWAII』(すべて主婦と生活社刊)などがある。

[STAFF]

Photographer　SHUYA NAKANO(TRON)　(p4-15)
Art Direction　HANAKO NAITOH
Edit　YUKI MIYAHARA , NAO KIKUCHI(ar)

Special thanks
to 72 ladies!

女度を上げるインテリア 72のヒント

in HER room

編集人	笹沼彩子
発行人	倉次辰男
発行所	株式会社　主婦と生活社
	〒104-8357　東京都中央区京橋 3-5-7
	編集部 ☎ 03-3563-2189
	販売部 ☎ 03-3563-5121
	生産部 ☎ 03-3563-5125
	http://www.shufu.co.jp/
製版所	東京カラーフォト・プロセス株式会社
印刷所	大日本印刷株式会社
製本所	株式会社若林製本工場

十分に気をつけながら造本しておりますが、万一、乱丁・落丁がありました場合は、
お買い上げになった書店か小社生産部へお申し出ください。お取り替えさせていただきます。

© YUKI MIYAHARA 2018 Printed in Japan
ISBN978-4-391-15152-7

R 本書を無断で複写複製(電子化を含む)することは、著作権法上の例外を除き、禁じられています。
本書をコピーされる場合は、事前に日本複製権センター(JRRC)の許諾を受けてください。
また、本書を代行業者等の第三者に依頼してスキャンやデジタル化することは、たとえ個人や家庭内の利用であっても一切認められておりません。
JRRC (https://jrrc.or.jp/　Eメール：jrrc_info@jrrc.or.jp　TEL.03-3401-2382)